Sixieme liure

u u

TYRIDATE,

TRAGEDIE.

DEDIE

A MONSEIGNEVR

LE PRINCE.

D.ᴺ. 666.

A PARIS,

Chez **TOVSSAINCT QVINET**, au Palais, dans la petite
Salle, fous la montée de la Cour des Aydes.

M. DC. XLIX.

AVEC PRIVILEGE DV ROY.

(1)

A MONSEIGNEVR

MONSEIGNEVR

LE PRINCE.

ONSEIGNEVR,

Tyridate ayant dés sa naissance éleué son desir à la glorieuse ambition de plaire à vostre Altesse : quelque fauorable accueil qu'il ait receu iusqu'icy, par tout où il a paru, ne conte son

EPISTRE.

ſuccez que du iour de voſtre approbation. Vous la luy auez donnée, MONSEIGNEVR, aſſez hautement pour autoriſer auiourd'huy la liberté qu'il prend de vous demander la permiſſion de s'en vanter ; heureux ſi quittant des habits auec leſquels il n'eſtoit pas mal paré, toutes les fois qu'il s'eſt môtré au public, il peut porter vos liurées, & deuoir d'oreſnauant tout ſon bonheur à la protection d'vn Prince à qui toute la France s'aduouë. redeuable du ſien. Que Tyridate s'applaudit dans cette penſée, MONSEIGNEVR, & qu'il eſtime ſa fortune d'auoir peu deux heures de ſuite occuper l'attention d'vn eſprit qui n'a pas beſoin d'vn temps ſi long, pour reſoudre de la perte de nos ennemis, & du ſalut de cet Empire, & l'occuper au retour de la plus glorieuſe campagne qui fut iamais, qui nous rend toute la ioye de vos victoires, & qui plus auantageuſement que celle de Rocroy vous acquiert l'ineſtimable titre

EPISTRE.

de demon tutelaire de la France ; Ie sçay bien,
MONSEIGNEVR, que pour en comprendre l'importance, & de ce que vous auez fait en
suite pour le seruice du Roy & le repos de l'Estat dans le cœur de ce royaume, il faut estre
plus éclairé & plus intelligent que moy; comme
aussi plus eloquent, & moins limité que ie ne
suis dans les bornes d'vne lettre pour en parler
dignement. Ce ne sont pas toutefois ces considerations qui m'arrestent, puisque par le sang de
ces mémes ennemis, qui se promettoient d'estre
bien-tost à nos portes, vous auez graué vostre
gloire auec de caracteres si visibles, qu'on s'en
peut instruire de la bouche méme des femmes
& des enfans. C'est vne de vos merueilles,
MONSEIGNEVR, d'eleuer les imaginations, & de faire dire à tous ceux qui contemplent tant soit peu les prodiges de vostre vie, des
choses au delà de leur portee naturelle ; Ce miracle se fait maintenant en moy, & ie sens vne

EPISTRE.

chaleur qui m'emporteroit bien loin au delà de mes forces, si ie ne me souuenois que ie
parle de vostre Altesse à elle-même dans vne
lettre destinée seulement à luy demander l'honneur de sa protection pour Tyridate, & pour
moy la glorieuse permission de me dire,

MONSEIGNEVR,

DE VOSTRE ALTESSE

Le tres-humble, tres-obeissant &
tres-fidele seruiteur, BOYER.

AV LECTEVR.

E ſuiet de cette piece a paru ſi nouueau qu'on a creû qu'il eſtoit purement de mon inuention, mais tu verras icy ce que l'Hiſtoire m'a fourni. *Js (ſcilicet Ariarathes 5. Rex Cappadociæ) filiam Antiochi, quem magnum vocant, Antiochidem nomine aſtutia excellentem in matrimonium accepit ; hæc cum liberis careret duos marito inſcio pueros ſuppoſuit, Ariarathem & Holophernem. Sed aliquando poſt natura ſemen receptante præter ſpem duas filias peperit, vnumque filium nomine Mithridatem, &c.* Cet endroit eſt tiré de Diodore Sicilien *Ex eclogis ſiue excerptis ex Bibliotheca libris qui deſiderantur. Ecloga 3. lib. 31.* De ces deux enfans ſuppoſez ie n'en ay pris qu'vn, & des enfans legitimes ie n'ay pris que Mithridate, dont i'ay changé le nom en celuy de Tyridate, parce qu'eſtant obligé d'en faire mon Heros & donner ſon nom à ma piece, ie craignois qu'on la confondiſt auec vne autre piece qui porte le nom de Mithridate.

Extraict du priuilege du Roy.

PAR grace & priuilege du Roy donné à Paris le 19. Iuin 1648. ſigné, Par le Roy en ſon Conſeil, LE BRVN. Il eſt permis à TOVSSAINCT QVINET Marchand Libraire à Paris, d'imprimer ou faire imprimer, vendre & diſtribuer vne piece de Theatre intitulée, *Tyridate Tragedie, par le ſieur Boyer,* durant le temps & eſpace de cinq ans, à compter du iour qu'elle ſera acheuée d'imprimer. Et defenſes ſont faites à tous Imprimeurs, Libraires & autres, de contrefaire ladite piece, ny la vendre ou expoſer en vente à peine de trois mil liures d'amende, & de tous deſpens, dommages & intereſts, ainſi qu'il eſt contenu plus amplement dans leſdites Lettres de priuilege.

Acheué d'imprimer pour la premiere fois le 4. Ianuier 1649.
Les Exemplaires ont eſté fournis.

ACTEVRS.

ARIARATHE.	Roy de Cappadoce.
ARIARATHE.	fils fuppofé du Roy, & veritable fils d'Oronte.
ANTHIOCHIDE.	Reyne de Cappadoce.
TYRIDATE.	fils vnique du Roy.
BERENICE.	Princeffe de Bytinie promife à Ariarathe.
EVRIDICE,	fille d'Oronte.
ORONTE,	Seigneur de Cappadoce.
ARSINOE'.	Confidente de la Reyne.
TROVPE DE SOLDATS.	

La Scene eft à Cefarée dans le Palais Royal.

TYRIDATE

TYRIDATE.

TRAGEDIE.

ACTE I.

SCENE PREMIERE.

TYRIDATE, ANTHIOCHIDE, ARSINOE,

TYRIDATE.

QV'attendez-vous, Madame, à quelle
extremité
Voulez-vous reseruer ce secours tant
vanté?
Qui doit rompre le coup dont le Ciel nous menace,
Vous voyés, nous touchons l'instant de ma disgrace.

A

Cependant ce secours est encore douteux ,
Peut-estre imaginaire , & peut-estre honteux.
Nous auriez-vous flatez d'vn espoir si propice
Pour nous abandonner au bord du precipice ,
Et nous laisser perir en des extremitez
Où pour vous obeïr nous nous sommes iettez:
C'est par vostre ordre exprez que i'aime Berenice ,
Si i'ay gagné son cœur c'est par vostre artifice.
Cependant ie la perds , on la presse , & demain
Le Roy veut qu'à mon frere elle donne la main.
Demain de vos deux fils la fatale iournee
Verra la mort de l'vn , de l'autre l'hymenée :
Ariarathe heureux , & moy prest de mourir
Vous imputer le coup qui me fera perir.

ANTHIOCHIDE.

Ah! mon fils que ce coup seroit insuportable.
Mais n'apprehendons point vn sort si deplorable,
Le mal est encor loin , & pour vn changement
Le temps....

TYRIDATE.

Quel temps? demain:

ANTHIOCHIDE.

Il suffit d'vn moment.

Ouy, malgré les efforts de la puiſſance vnie
De nôtre Cappadoce & de ſa Bitinie,
De vôtre oncle ſon pere & du Roy mon époux,
Auant la fin du iour Berenice eſt à vous.

TYRIDATE.

Helas! combien de fois auecque la Princeſſe
Nous auez vous flatez de la méme promeſſe,
Sans que depuis ſix mois qu'elle eſt en cette Cour
Vous ayez rien tenté pour ſeruir nôtre amour,
Pour vous laiſſer choiſir ce moment fauorable
Elle a ſous de maux feints couurant le veritable
Reculé cet hymen, & ſceu depuis ſix mois
Abuſer vn amant, deux peuples & deux Rois.
Mais en vain, puiſqu'enfin malgré ſon artifice
On la preſſe, & demain il faut qu'elle obeiſſe.

ANTHIOCHIDE.

Puis donc qu'on ne ſçauroit plus long-temps reculer
Tyridate, il eſt temps d'agir, & de parler.
Ie vous aime, & pour vous ie ſuis ſi bonne mere
Qu'à peine ie me ſens l'etre de vôtre frere,
Puiſque malgré l'amour que ie dois à tous deux
Vo° auez toûiours eu tous mes ſoins, to° mes vœux.
Ie ne ſçay quel demon ou quelle autre puiſſance
Dans mon cœur entre vous met cette difference:

Mais soit de mon ou dieu, soit iustice ou fureur,
Tyridate luy seul regne dedans mon cœur.
Peut-étre que priué par la faueur de l'âge
De l'espoir de regner, c'est là vôtre partage,
Et par cette amitié le Ciel recognoissant,
Recompense le tort qu'il vous fit en naissant.
Mais moins par ces raisons que quand ie considere
Quelle amitié le Roy témoigne à vôtre frere,
Combien auprés de luy vous estes maltraité,
Ie croy que ie vous doy cette inegalité.
Vous voyez que demain vôtre pere luy donne
Par cet hymen le droict d'vne double Couronne,
Et le comblant des biens qu'il deuroit partager,
Le traitte seul en fils, & vous en estranger.
Eleué dedans Rome où vous seruiez d'ôtage
Il vous voit sans tendresse; & ce desauantage
Vous donne par l'effort d'vne iuste pitié
Comme au plus malheureux toute mon amitié.

TYRIDATE.

Puis qu'à mon mauuais sort ie doy cet auantage,
I'aimeray desormais le malheur qui m'outrage.

ANTHIOCHIDE.

Cette amitié, mon fils, vous ayant destiné
A l'hymen dés long-temps promis à vôtre ainé,

Ie vous fis incogneu paſſer en Bitinie,
Où l'amour déployant ſa puiſſance infinie,
La Princeſſe vous pleut, vous luy pleutes, ainſi
Ie penſois que déja tout m'auoit reüſſy:
Croyant que de l'amour l'orgueilleuſe puiſſance
De vos ieunes eſprits chaſſeroit la prudence,
Et qu'ainſi ie pourrois ſourdement acheuer
L'hymen, qu'apres, le tếps eut contraint d'aprouuer;
Mais la Princeſſe fut à mes vœux trop contraire:
On la preſſe deſlors d'épouſer vôtre frere,
Son pere à ce deſſein l'enuoye en cette Cour
Où pendant les delais qu'à treuuez ſon amour,
Que n'ay-ie point tenté pour rompre vn hymenee,
Mortel pour moy, pour vous, pour cette infortunee,
I'ay fait tout ce que peut conſeiller la pitié,
La crainte, le dépit, la haine, l'amitié:
Tout ce que dans le cœur d'vne mere & maraſtre
Peut inſpirer, l'amour d'vn fils qu'elle idolaſtre,
(Quand elle void ce fils ſur le poinct de perir)
Contre ceux qu'elle abhorre & qui le font mourir.
Mais en vain, & ſi vous n'y trauaillez vous meſme
Nous ne ſçaurions ſortir de ce peril extréme;
Sans vous ie n'y puis rien.

TYRIDATE.

Sans moy, Madame, ô Dieux!

A iij

Qu'y puis-je ?

ANTHIOCHIDE.

Ce que peut vn amant furieux,
Ce que peut vn amant quand il void qu'on s'apreste
D'enleuer à ses yeux son bien & sa conqueste,
Quand il voit son riual insolent, inhumain
Contraindre sa Princesse vn poignard à la main.
Dans ce piteux estat vous voyez Berenice,
Ce n'est pas vn hymen c'est pour elle vn supplice.
Secourez-moy, dit-elle, en vous tendant les bras.
Et vous dites que puis-je ? ah ! vous ne l'aimez pas,
Si vous l'aimiez depuis que ie vous encourage,
Ialoux de repousser l'outrage par l'outrage,
Vous auriez dans l'ardeur de preuenir ce mal
Enfoncé mille coups au sein de ce riual.

TYRIDATE.

Helas !

ANTHIOCHIDE.

Est-ce l'amour qui l'emporte, ou qui cede ?
Mourra-il ce riual ? c'est l'vnique remede.

TYRIDATE.

C'est l'vnique remede.

ANTHIOCHIDE.

Y deuant recourir,
Ie l'ay fouuent tenté fans vous le découurir,
Mais fans effeĉt, Oronte a par fa vigilance
Sauué nôtre ennemi des traits de ma vengeance,
Ou peut-eftre le Ciel de vôtre bonneur jaloux
Pour vous le referuer l'a fauué de mes coups.
Allez donc, & voyez contre qui ie vous preffe,
Contre vn lâche qui veut contraindre la Princeffe,
Et qui fans nul refpeĉt pour vous, pour fon amour,
Vous rauit Berenice, vn empire & le iour,
Car quand vôtre douleur vous laifferoit la vie,
Vn riual, vn jaloux, l'aura bien-toft rauie.
Preuenons ces malheurs ; Va mon fils, va mon fils,
D'vn fi hardi deffein tu vois quel eft le prix ;
Cours, & fans écouter que ce que veut ta flame
Laiffe moy du fuccez, le danger & le blâme.
Apres ce grand fuccez ne crains rien, i'ay dequoy
Calmer en vn moment la colere du Roy.

TYRIDATE.

Mais auez-vous dequoy calmer par vos adreffes
De ce noir attentat les fureurs vangereffes.
Pour vous auoir prefté l'oreille, non le cœur
Déja de ces bourreaux i'éprouue la rigueur.

Ie fremis à l'objet de ce conseil horrible,
Moins que vôtre amitié, vôtre haine est terrible.
Vous haïssez mon frere, & m'aimez, quel des deux
Cette inegalité rend elle plus heureux,
Ou luy quand de son sang vostre haine est auide,
Ou moy dont vostre amour veut faire vn parricide.
Reprenez vn amour qui fait honte à mon rang,
Reprenez vn amour qui veut souiller mon sang,
Changez le nom de mere en celui d'ennemie;
Ayez soing de ma gloire & non pas de ma vie.
Helas! quels sentimens auez-vous pour vos fils?
C'est donc là cet hymen que vous m'auiez promis?
Mais qu'au delà des miens tes malheurs ie deplore
Princesse.

ANTHIOCHIDE.

L'aimez-vous ?

TYRIDATE.

Me pressez-vous encore?

O dieux !

ANTHIOCHIDE.

Si vous sçauiez.

TYRIDATE.

Je ne veux rien sçauoir.

ANTHIOCHIDE,

Ariarathe.

TYRIDATE l'interrompant.

Est frere, & ie sçay mon deuoir.

SCENE

SCENE II.

ANTHIOCHIDE, ARSINOE'.

ANTHIOCHIDE.

TV vois, Arsinoé, comme ie suis traitee.

ARSINOE'.

Madame, à quel excez vous estes-vous portee?
L'armer contre son frere, ô Dieux!

ANTHIOCHIDE.

Ie ferois pis
Pour perdre son riual.

ARSINOE'.

Pour perdre vôtre fils
Considerez l'objet de cette estrange haine.
Que vous a faict ce fils? pardonnez grande Reine,
Si lors que ces transports semblent vous dementir
Ie sors de mon respect pour vous en aduertir.
Quoy? celle qu'on voyoit auec idolatrie
Digne sang des Heros qu'adore la Syrie,

B

Femme d'vn puiſſant Roy, fille d'Antiochus,
Plus riche encor des noms qu'on donne à ſes vertus,
Peut tomber auiourd'huy dans ce deſordre extréme:
Arme vn fils contre vn fils.

ANTHIOCHIDE.

Ie ſuis toûiours la méme,
Ces grands noms dont on a flaté mes vanitez,
Auiourd'huy ſeulement ie les ay meritez.
Pour te deſabuſer & me rendre ma gloire
Apprends de mes malheurs la deplorable hiſtoire,
Ils ne ſont pour mon mal connus en ce moment
Que du perfide Oronte & de moy ſeulement.
S'il te ſouuient encor de la ſanglante guerre
Dont le Bitinien deſola cette terre:
Tu n'as pas oublié ſous quel pretexte vain
Il vouloit lâchement ruiner ſon germain:
Nous voyant ſans enfans, il diſoit que ſon frere
Deſtinoit de long-temps cet Empire à mon pere:
Et ſemant ces ſoupçons ſceut ſi bien ménager
L'horreur qu'ont les Eſtats d'vn Monarque étrãger
Qu'apres quelques combats il trouua tout facile,
Abandonne, reduit à ſa derniere ville,
Pour detromper ſon peuple, & ſe iuſtifier
Le Roy fut ſur le poinct de me repudier;
Et preſſé par les ſiens, oubliant ſa tendreſſe,
Il l'euſt faict ſans l'auis qu'il eut de ma groſſeſſe.

Ce bruit fit tant d'effort fur tous qu'en peu de temps
Le Roy fut en eftat de fe remettre aux champs,
On combat, l'ennemi perd tout fon auantage,
Son pretexte perdu lui-mefme il perd courage,
Cede infenfiblement, fe retire, on pourfuit,
Par tout où le Roy va la victoire le fuit,
Il regagne en fix mois la Cappadoce entiere,
Et va de l'ennemi deliurer la frontiere ;
Là Mitridate enflé par de nouueaux fecours
De fes heureux progrez, alloit rompre le cours ;
Et la guerre entr'eux deux renaiftre plus cruelle,
Quand i'accouchay d'vn fils; cette heureufe nouuelle
Defarma Mitridate, & l'on fit ce traicté
Qui donne Berenice à ce fils fouhaité.
Tu fçais quels appareils, quelle magnificence
De cet heureux enfant honoroit la naiffance ;
Chacun monftroit fa ioye, & le Roy de retour
Ne me pouuoit affez expliquer fon amour.
Helas !

ARSINOE'.

Vous foupirez, quelle douleur vous preffe ?

ANTHIOCHIDE.

Helas ! que i'auois mal merité fa tendreffe,
Ie le trompois ce Roy le meilleur des humains,
Cet enfant qu'il auoit toujours entre fes mains

B ij

Qu'il nōma de son nom, (i'en doy mourir de honte)
N'estoit pas nôtre fils.

ARSINOE'.

Et de qui donc ?

ANTHIOCHIDE.

D'Oronte,

ARSINOE'.

Quoy ? Madame, le Prince . . . .

ANTHIOCHIDE.

Est né de ces malheurs
Qui mirent auec moy tout ce Royaume en pleurs
Pour éuiter l'affront dont i'estois menacée
A suiure ce conseil ie me treuuay forcée,
Par l'adresse d'Oronte, à qui seul ie le doy,
Ie feignis d'estre grosse, & l'absence du Roy
Nous donnant tout moyen d'acheuer cette trame,
Ie fus mere d'vn fils dont accoucha sa fame.

ARSINOE'.

Doncques Ariarathe . . .

ANTHIOCHIDE.

Est comme ie t'ay dict
Fils de mon artifice, & non pas de mon lict.

ARSINOE.

Et Tyridate?

ANTHIOCHIDE.

Hé! quoy?

ARSINOE.

Tyridate est-il vôtre?

ANTHIOCHIDE.

La naissance de l'vn faict donc douter de l'autre,
Si ie suppose vn fils, serons-nous accusez
De n'auoir point des fils qui ne soient supposez,
Tyridate est à nous, mais helas quelle grace
Dois-je au Ciel de ce fils quand on remplit sa place?
Cet enfant malheureux aussi-tost qu'il est né,
Tout vnique qu'il est rencontre son ainé.
Il falloit, iustes Dieux, par grace ou par vengeance
Me priuer de ce fils ou haster sa naissance.

ARSINOE'.

Pardonnez une erreur dont mes sens abusez,
Croyoient au lieu d'vn seul deux enfans supposez.

ANTHIOCHIDE.

Dois-tu pas les cognoistre à cette difference
Qu'on ne peut imputer qu'à leur seule naissance :
I'ayme l'vn, ie hay l'autre, & bien-tost de son sang
Ie signeray qu'elle est sa fortune & son rang,

ARSINOE'.

Vous voulez donc sa mort, est-ce la recompense
Des biens que vous deuez à sa fausse naissance ?
Elle a sauué l'Estat, affermi vôtre amour,
Et pour tant de biensfaits vous le priuez du iour,
Madame.

ANTHIOCHIDE.

Pour payer ce que tu viens de dire
Il peut tout esperer s'il renonce à l'Empire.
Mais au poinct où son pere a porté son orgueil,
Ie voy bien qu'il luy faut le trône ou le cercueil,
Et ie doy auiourd'huy creuser son precipice,
Ou le voir dés demain épouser Berenice.

ARSINOE.

Vous pouuez l'euiter sans le faire mourir.

ANTHIOCHIDE.

Apprens moy ce secret.

ARSINOE.

Allez tout découurir,
Faites cognoistre au Roy le faux Ariarathe,
C'est le meilleur pour lui, pour vous, pour Tyridate.

ANTHIOCHIDE.

Ah! que tu cognois mal l'excez de mon malheur,
Dis que c'est l'impossible, & non pas le meilleur,
Preuenu par Oronte, encore que i'éclate,
Sçachant quels sentimens i'ay pour Ariarathe,
Combien i'aime son frere, & combien ie le hais,
Le Roy qui l'aime trop ne me croira iamais;
Et quand il en seroit conuaincu dans son ame,
Penses-tu qu'il voulust découurir cette trame?
Mitridate aussi-tost n'en tireroit-il pas
Vn pretexte a pouuoir enuahir ses Estats?
Si peu qu'il eust de droict le rendroit inuincible,
Et peut-on en trouuer qui semble plus plausible?
Ou ces deux fils sont faux, diroit-il, ou tous deux
Sont également vrais; & du plus malheureux

Comme Prince & parent épousant la querelle,
Ce Roy nous porteroit vne guerre immortelle,
Qui ne pourroit finir que cet ambitieux
N'eust chassés & le pere & le fils de ces lieux,
Ainsi pour éuiter les mains de Mitridate
Il faut ou voir regner, ou perdre Ariarathe.
Il ne regnera point : mais aussi mes efforts
Pour le priuer du iour ne sont pas assez forts.
Pour en venir à bout i'ay tenté l'impossible ;
Oronte à tous mes traits le rend inaccessible,
M'obserue de si prés que i'y trauaille en vain,
Si mon fils pour ce coup ne me preste sa main.

ARSINOE'.

N'attendez point d'vn fils où la gloire preside
Ce noir assassinat, ce lâche parricide,
Si du moins il ne perd la moitié de l'horreur
Par l'éclaircissement d'vne fatale erreur.

ANTHIOCHIDE,

Vn cœur ne hait pas moins quand la vertu le guide,
Les seuls noms d'assassin, que ceux de parricide.
Ainsi s'il le cognoist pour en tirer raison
Il voudra la iustice & non la trahison,
Et voulant malgré moy le perdre à force ouuerte,
C'est trahir mon secret & haster nostre perte.

ARSINOE!

ARSINOE.

Donc qu'esperer ?

ANTHIOCHIDE.

I'espere & malgré son deuoir
Beaucoup de son amour tout de son desespoir.

ARSINOE.

Mais quand bien à ce poinct il porteroit sa rage,
Mitridate toûiours . . . .

ANTHIOCHIDE.

N'en dis pas dauantage,
Sans ce nouuel obstacle où ie n'ose penser
Assez d'autres soucis viennent m'embarasser.
Et mon cœur accablé de leur foule pesante
Cherche qui les dissipe & non qui les augmente.
Mais dois-je voir encor ces obiets odieux ?

Regardãt
Ariarathe
& Oronte
qui en-
trent.

C

SCENE III.

ANTHIOCHIDE, ARIARATHE, ORONTE.

ANTHIOCHIDE continuë parlant à Ariar.

B*Erenice toûiours vous ameine en ces lieux,*
C'eſt elle à qui l'on doit vos frequentes viſites;
Elle eſt au meſme eſtat auquel hier vous la viſtes,
Mais malgré ſa triſteſſe & ſon peu de ſanté
A contenter le Roy ſon eſprit eſt porté,
Et demain vous aurez ce qu'on exige d'elle.

ARIARATHE.

Auſſi-toſt que du Roy i'en ay ſceu la nouuelle
Voulant deuoir ce bien à vos ſoins ſeulement,
I'ay couru vous porter mon premier compliment:
Mais côme l'on doit tout quand on doit la naiſſance,
A mon deuoir plutoſt qu'à ma recognoiſſance,
Vous deuez imputer ces viſites, ces ſoins,
Qui moins frequens peut-eſtre importuneroient
                                        (moins.

ANTHIOCHIDE

Vo° me deuez bien moins pour vo° auoir fait naistre
Que pour d'autres faueurs que vo° pouués cognoistre
Et vous deuriez enfin répondre à ces biensfaits,
Selon vostre deuoir & selon mes souhaits :
Oronte qui les sçait a deu vous les apprendre.

ARIARATHE.

De ceux que ie cognoy vous pouuez tout attendre ;
Et s'il en est quelqu'autre il me sera plus doux,
Bien plutost que de luy de l'apprendre de vous.

ANTHIOCHIDE.

Il n'est pas encor temps.

ARIARATHE.

Madame ....

ANTHIOCHIDE.

le vous laisse ;
Adieu, l'on ne voit point auiourd'huy la Princesse.

SCENE IV.

ARIARATHE, ORONTE.

ARIARATHE.

EN vain, Oronte, en vain ie tasche à la flater,
Mes respects & mes soins ne font que l'irriter.

ORONTE.

N'attendez point, Seigneur, d'autre accueil de la
Reine.

ARIARATHE.

Que puis-je auoir commis qui merite sa haine,
Mon respect qui m'impute vn desordre si grand
Ne sçait où s'appuyer.

ORONTE.

C'est ce qui me surprend,

Puis qu'il faut toutefois en deuiner la cauſe;
Vous eſtes vn obſtacle à ce qu'elle propoſe;
Voſtre frere à ſon cœur, & depuis peu de iours
I'ay ſceu qu'elle auoit pris le ſoin de ſes amours,
Ie vous l'ay deſia dict, il aime Berenice,
La Reine veut qu'enfin cet hymen reüßiſſe;
Et vos iours qui luy ſont vn obſtacle eternel
Sont deuenus l'objet d'vn deſſein criminel;
La cruelle qu'elle eſt en veut à voſtre vie,
Combien de fois pour rompre vne ſi noire enuie
Contre l'aſſaſſinat, contre la trahiſon,
Vous ay-ie garanti du fer & du poiſon?
Mais puis qu'elle s'y prend à haine découuerte
Ie ne me promets plus d'empeſcher voſtre perte,
D'elle & de voſtre frere en ce deſſein vnis…

ARIARATHE.

Que dois-ie redouter de pareils ennemis?

ORONTE.

Ce qu'on craint d'vn riual, ce qu'ô craint d'vne Reine
Qu'on choque.

ARIARATHE.

Sans deſſein.

ORONTE.

Si pour auoir ſa hayne

Il suffit qu'on la choque, il n'importe comment
Le dessein, le hazard, choquent également,
Elle est femme Seigneur.

ARIARATHE.

Mais elle est mere, Oronte.

ORONTE.

Et ce nom prophané la doit couurir de honte.

ARIARATE.

Et ce nom de regret me doit faire mourir,
Quand ie voy que ie crains ce que ie doy cherir.

ORONTE.

Pour ne la craindre plus, mais la cherir en mere,
Ne pouuant la flechir desarmez sa colere,
Auertissez le Roy, c'est le plus seur pour tous;
Si ie donnois conseil à tout autre qu'à vous
Il seroit moins benin, mais bien plus salutaire;
Ie luy conseillerois d'agir & de se taire,
De perdre sans tarder qui menace vos iours,
Et sans aller du Roy mandier du secours
Malgré tous les respects ....

ARIARATHE.

Arreste & considere
Que tu presses vn fils qui se plaint de sa mere,

Qui cherche à l'adoucir, & non à l'irriter,
A calmer ses rigueurs, non à les meriter.
Mais quels sont ces biefaits dôt me parloit la Reine?
Tu dois m'en aduertir.

ORONTE.

Dieux !

ARIARATHE.

Tire moy de peine.

Parle.

ORONTE.

C'est perdre temps, Seigneur, à m'en presser,
Ou la Reine par là veut vous embarasser,
Où vous donnant sujet d'accuser mon silence
Me perdre auprez de vous, ie nuis à sa vengeance,
Il faut qu'elle m'éloigne ou me rende suspect.

ARIARATHE.

Ie suis peu curieux & cognois ton respect,
Ainsi mal-aisement peut esperer là Reine,
Ny de m'embarasser ny de te mettre en peine.
Voy le Roy de ma part, Oronte, & souuiens toy
Que ie sçauray payer ce que tu fais pour moy;

Et qu'vn amour plus fort que ma recognoiſſance
M'attache à ton deſtin plus qu'Oronte ne penſe.

ORONTE.

Voſtre ſort eſt le mien, & les deſtins d'vn fils
A ceux d'vn pere aimé ne ſont pas mieux vnis.

Fin du premier Acte.

ACTE

ACTE II.

SCENE PREMIERE.

BERENICE, EVRIDICE.

BERENICE.

VY ie t'ayme, malgré la iuste deffiance
Qui deuoit t'éloigner de nostre confidence;
Bien que fille d'Oronte, à qui dãs cette cour
I'ay suiet plus qu'à to˙ de cacher mõ amour.
Si tu me pleus d'abord, i'ay creu t'ayant cognuë
Que tu m'aimois, tu sçais si ie me suis deceuë.
Ecoute donc le reste, & voy si sous les Cieux
Iamais plus iustement on se plaignit aux Dieux,
Et si iamais l'amour a fait de miserable,
Qui fut de son malheur si peu que moy coupable.
Promise à l'heritier de ces puissans estats
Par la loy d'vne paix qui finit nos debats,

D

I'accouſtumois mon cœur dés ma plus tendre enfance
A regler ſes deſirs ſur mon obeiſſance;
Et reüſſis ſi bien que ce cœur preuenu
Deſlors qu'il ſceut aimer aimoit vn inconnu.
Vn des miens trop jaloux d'eſtraindre cette chaiſne,
M'en donna le portrait de la part de la Reine,
Et me diſt que preſſé d'vne pareille ardeur,
Du procedé des grands accuſant la longueur,
Ce Prince deſiroit, ſans ſe faire cognoiſtre,
De voir celle pour qui les Dieux l'auoient fait naiſtre.
Il vint, & ſe cachant à tout autre qu'à moy,
Ie le vis, ie l'aimay, ie luy donnay ma foy:
Mais las! pour me tromper d'accord auec ſa mere,
Tyridate auoit pris la place de ſon frere,
Et ie ne ſceus iamais ſa fourbe & mon erreur
Que quand l'ingrat ſe fut aſſeuré de mon cœur.
Ce fut lors que ſes pleurs me le firent cognoiſtre,
Il me deſabuſa, quand ie ne pouuois l'eſtre,
Et ſa douleur encor me ſceut ſi fort toucher,
Que cette trahiſon me le rendit plus cher:
Il me promit alors, & la Reine par lettre
Tout ce, qu'en cet eſtat vn amant peut promettre,
Qu'elle romproit l'hymen de ſon frere & de moy.
Ie le creus, de nouueau ie luy donnay ma foy;
Mais de la luy tenir eſt hors de ma puiſſance,
Demain.....

EVRIDICE.

Ie vois encor luire quelque esperance;
Il aura veu la Reine, & sans doute... mais las
Auec quel nouueau trouble il dresse icy ses pas!

Voyant entrer Tyrida- te.

SCENE II.

BERENICE, TYRIDATE, EVRIDICE.

BERENICE.

QVe me dict cet abord si rempli de tristesse!
Que m'annoncent ces pleurs, Tyridate?

TYRIDATE.

Princesse
Tremblés à cet abord, ie porte des malheurs
Qui passent tout l'effroy que vous donnent ces pleurs.
Il faut, il faut quitter cette chere esperance
Qui nourrissoit nos feux, qui leur donna naissance:

D ij

Ie vous perds, si ce mal est sensible & mortel,
Le remede qu'on m'offre est encor plus cruel,
Aussi ie ne viens pas comme autrefois, Madame,
En faueur de la mienne exhorter voftre flame.
A treuuer des delais pour éloigner vn iour
Qui doit m'oster la vie en m'oftant voftre amour.
Vous en auez trop fait, & priué d'esperance
Ie viens vous rendre entiere à voftre obeiffance,
Vous rendre à ce deuoir, qui donne à mon ainé
L'amour, le cher amour que vous m'auiez donné.

BERENICE.

Quoy Prince ?

TYRIDATE.

Aimez, en luy fon rang & fon merite,
Et tout ce dont pour luy le Ciel vous follicite,
Que ce nœud glorieux vous comble de plaifirs,
Et vous fasse oublier ma perte & mes foupirs :
Trop heureux fi pour moy le Ciel inexorable
Cede pour voftre bien aux vœux d'vn miferable,
Trop heureux.....

BERENICE.

Tu veux donc, perfide, me quitter?

TYRIDATE.

Si vous m'aimez encor, tafchez de m'imiter.

Tâchez de me hayr ; vous le ferez ſans doute,
Si vous ſongez aux maux que mon amour vous coûte,
Que n'auez-vous ſouffert, que n'ay-je point commis
Pour me rendre vos yeux iuſtement ennemis ?
R'appellez, r'appellez la trahiſon inſigne
Qui m'acquit voſtre amour, & qui m'en rend indigne,
Et pour vous en vanger par haine ou par mépris
Arrachez-moy le cœur que ie vous ay ſurpris :
Pour vn lâche trompeur, pour ce fourbe execrable,
Soyez cruelle autant que vous fuſtes aimable.
Par haine, par iuſtice, ou du moins par pitié
Reprenez.....

BERENICE.

Qu'attens-tu de mon inimitié ?

TYRIDATE.

La mort : viure ſans vous n'eſt pas en ma puiſſance ;
Mourir aimé de vous, mon trépas vous offence :
Ainſi dans vn eſtat ſi digne de pitié
Ie demande la mort à voſtre inimitié.
Si ie l'obtiens, reduit à perdre ce que i'ayme
I'oppoſe à mon malheur vn deſeſpoir extréme,
Et ce ſecours fidelle aux maux trop rigoureux
Me tirera bien-toſt du rang des malheureux.
Mais vous m'aimez ; charmé du coup qui me deliure,
I'en fremis quand ie crains qu'il vous force à me ſuiure.

Haïſſez, haïſſez, faites-vous cet effort,
Pour laiſſer à mes maux le ſecours de la mort.
Helas! quel eſt mon ſort, ſi parmy tant d'allarmes
Dans voſtre ſeule hayne il peut treuuer des charmes ?

BERENICE.

Que ne puis-je à ton gré t'aimer & te haïr ?
Tu veux doncques deux fois, parjure, me trahir,
Et tu me rends vn cœur que ie ne puis reprendre,
Toy qui me l'as volé quand i'ay peû le defendre,
Sont-ce là les ſermens, ingrat, que tu m'as faits ?

TYRIDATE.

Que puis-je ?

BERENICE.

Va, cruel, tu ne m'aimas iamais.

TYRIDATE.

Helas !

BERENICE.

I'en croy tes pleurs, tu m'aymes, mais confeſſe
Qu'il faut que cette amour ait beaucoup de foibleſſe,
Qui te fait ſouhaiter qu'on te puiſſe haïr,
Qui te fait preferer l'affront de me trahir
A l'vtile ſecours qu'on offre à noſtre flame.

TYRIDATE.

Helas! si ce secours dont ie fremis dans l'ame
Se pouuoit iustement expliquer à vos yeux,
Que i'aurois peu de peine à me rendre odieux,
Et ietter dans vostre ame vne horreur legitime
Pour celuy qu'on a creu capable de ce crime.
Ne me commandez point que ie le mette au iour,
Non que ie veüille encor conseruer vostre amour :
Vostre haine, Madame, est la derniere grace
Que i'oppose aux rigueurs du coup qui me menace ;
Mais afin de laisser toute vostre amitié
A ceux que nos malheurs ont trouuez sans pitié.

BERENICE.

Helas! quelle amitié voulez-vous que ie donne
A qui fit nos malheurs & qui nous abandonne ?
Car enfin c'est la Reine...

TYRIDATE.

Epargnez-luy l'horreur
D'vn coup qui met l'amour & le sang en fureur,
Et puis qu'il faut mourir, souffrez...

BERENICE.

A voſtre honte,
Confeſſez pour le moins que mon feu vous ſurmonte,
Que voſtre amour eſt foible auprez de mon ardeur ?
Quand il faut qu'vn riual vous arrache mon cœur,
Alors que ie vous voy ſur le poinct de vous rendre,
Ie fais armes de tout afin de m'en defendre.
D'vn amour innocent iniurieux tyrans,
Intereſts de l'Eſtat, trône, ſceptre, parens,
Ie croirois vous pouuoir abandonner ſans crime,
Si par cette reuolte iniuſte ou legitime
Ie pouuois renouër des nœuds preſque briſez,
Vous auez le remede, & vous le refuſez ?

TYRIDATE.

Oüy, i'oſe y renoncer, & n'ay pas la puiſſance
D'ecouter mes tranſports contre mon innocence.
Iugez quel eſt ce coup qui combat mon deuoir,
S'il deuient meſme horrible à tout mon deſeſpoir.

BERENICE.

Donc ie n'obtiendray rien. Ces pleurs, cette tendreſſe ....

TYRIDATE.

Laiſſez à ma vertu genereuſe Princeſſe

Ce

Ce reste de vigueur où mon cœur s'affermit ;
Ne m'offrez pas des pleurs, dont ma gloire fremit.
Malgré l'horreur du coup où ce bel œil m'anime,
Mon deuoir étonné se rend presque à ce crime,
Retenez mon esprit sur vn pas si glissant ;
Si vous m'aymez, souffrez Tyridate innocent ;
Et puisque mon trépas est vn coup necessaire...
Adieu mon frere vient.

SCENE III.

ARIARATHE, TYRIDATE, BERENICE, EVRIDICE.

ARIARATHE.

ME fuyez-vous mon frere ?

TYRIDATE.

J'auois pris congé d'elle, & dois à vos bontez
Ce respect...

E

BERENICE.

Il le veut, Tyridate, arreſtez.
Il importe à tous trois que ie rompe vn ſilence
Qui cache à noſtre amour ſa derniere eſperance.
Puis qu'il faut m'expliquer que ce ſoit deuant vous.

TYRIDATE.

Madame...

BERENICE.

Contre vn coup qui doit tomber ſur nous,
Ie tente tous moyens, & n'auray pas le blâme
D'en refuſer quelqu'vn au ſecours de ma flame.
à Ariar. *Ie l'ayme; ce ſecret long-temps diſſimulé*
Nous punit bien du trop, que nous l'auons celé,
Par vne trahiſon fatale à l'vn & l'autre,
Sa mere m'enuoya ſon portrait pour le voſtre,
Ie luy donnay mon cœur, & prenant voſtre nom,
Il vint en Bytinie en receuoir le don.
Depuis me detrompant, i'ay pris ſon impoſture
Pour adreſſe d'amour autant que pour iniure,
Et ie n'ay pû haïr dans vn choix glorieux
Ny l'erreur de mon cœur ny celle de mes yeux.
Ie l'ayme; & ie le pers; telle eſt ma deſtinee,
Mon cœur doit eſtre à vous par les loix d'hymenee;

Mais si vous le voulez receuoir de ma main,
Pour me le rendre il faut l'arracher de mon sein.
Mon hymen à ce-prix a-il pour vous des charmes ?
Soüillé du sang d'vn frere, & trempé de mes larmes,
S'il est digne de vous, ie l'accepte & demain
I'obeïs aux traitez, & vous donne la main.
Parlez, Prince.

TYRIDATE à Ariar.

Il est temps que ce trouble finisse,
Que vostre amour trahi s'appreste à mon supplice :
Vangez-vous d'vn riual qui vous vole son cœur,
Et gagnez par ma mort ce que i'ay par l'erreur.

ARIARATHE.

Enfin ie recognois qu'vn soupçon legitime
M'auoit fait pressentir la moitié de ce crime :
Ie m'en doutois mon frere, & ie venois icy
Pour rendre sur ce poinct mon esprit éclaircy,
Mais nous nous vangerons d'vne mortelle offense ;
Le Roy vient à propos pour haster ma vengeance :
I'en conçois un moyen qui vous fera rougir.

TYRIDATE.

Quoy mon frere ?

E ij

ARIARATHE.

Ie sçay comme ie dois agir ;
Ie n'écoute perſonne, & moins vous que tout autre.

EVRIDICE bas.

Ah ! l'infidelle.

TYRIDATE à Berenice.

Helas ! quel malheur eſt le noſtre ?
Qu'auez-vous fait ?

BERENICE.

Voyant qu'il nous traite ſi mal,
Que ie cheris l'erreur qui m'oſte à ce riual !

***

SCENE IV.

LE ROY, ARIARATHE, TYRIDATE,
BERENICE, ORONTE, EVRIDICE.

LE ROY à Berenice.

ENfin le iour s'approche ; où voftre hymen Princeffe
Achevant dés demain la commune allegreffe
Par la foy des traitez nous affeure la paix.

ARIARATHE.

Que tout s'accorde mal à vos iuftes fouhaits !
Seigneur, mais ie cognois vos bontez, & i'efpere
Ce qu'vn fils trop aimé peut attendre d'vn pere.
C'eft fur ce grand amour que ie fonde mes vœux.

LE ROY.

Parle, & fois affeuré de tout ce que tu veux.

ARIARATHE.

Seigneur, on m'a trahy, ie demande iuftice ;

Par la faueur du rang i'attendois Berenice;
I'ay crû que fon amour d'accord auec le mien
Finiroit enfin le choix de mon pere & du fien;
Mon frere cependant m'enleue la Princeffe,
Paffant en Bytinie auecque tant d'adreffe,
Il fceut prendre mon nom, & le titre d'ainé,
Qu'il m'arrache ce cœur qui m'eftoit deftiné;
Ainfi ce grand efpoir ne fert qu'à me confondre.

LE ROY à Tyridate.

Quoy perfide !

TYRIDATE.

Seigneur...

LE ROY.

Que pourrois-tu répondre ?
Fuis traiftre, & me cachant vn crime plein d'horreur,
Epargne vn parricide à ma iufte fureur.

SCENE V.

LE ROY, ARIARATHE, ORONTE, BERENICE, EVRIDICE.

LE ROY continuë.

TV me l'auois bien dit, cher Oronte, l'infame!
Où nous reduit encor sa temeraire flame?
Mais i'y sçauray pouruoir, & la mere & le fils
Ne se vanteront pas de nous auoir trahis.

ARIARATHE.

Quoy? Seigneur, i'attendois l'effect de ma priere;
Ie veux que ma vengeance....

LE ROY.

Oüy tu l'auras entiere.

ARIARATHE.

R'appellez donc mon frere, & qu'aux yeux de tous deux
Ie me vange en amant trahi, mais genereux.

Puis qu'il eſt mon riual, ie veux ceſſer de l'eſtre ;
Ie ne veux plus d'vn cœur dont vn autre eſt le maiſtre;
Et i'impute à fureur ces violens tranſports
Qui ſur deux cœurs vnis font d'iniuſtes efforts.
Qu'il vienne de mes mains receuoir la Princeſſe.

ORONTE bas.

Qu'entens-je ?

ARIAR. à Berenice.

Deſormais que voſtre crainte ceſſe,
Madame, & pardonnez vn feint reſſentiment,
Par qui i'ay deu punir voſtre deguiſement.

BEREN. à Ariar.

Ah! Prince.

EVRIDICE bas.

Meurs ſoupçon que mon cœur deſauouë.

ARIAR. au Roy.

Souffrez.

LE ROY.

Ariarathe, eſt-ce ainſi qu'on me iouë?
Eſt-ce

Eſt-ce à vous maintenant à diſpoſer d'vn bien
Qui doit eſtre l'appuy de voſtre heur & du mien ?
Voulez-vous derechef ramener ſur nos terres
Les ſanglantes horreurs de nos premieres guerres ?
Si dans voſtre berceau la guerre a pris ſa fin
Ne ſoüillez pas l'honneur d'vn ſi noble deſtin,
Et ſoyez à iamais par vn reſpect fidelle
Le lien glorieux d'vne paix immortelle.

ARIARATHE.

Seigneur...

LE ROY.

   Vous cognoiſſez ce que i'attens de vous :
Obeiſſez mon fils, ou craignez mon courroux.   Montrât
Elle n'ignore pas les loix de ſa naiſſance,   Bereni-
Ni ce qu'vn pere attend de ſon obeiſſance ;   ce.
Ni ce qu'à ſon deuoir demandent par ma voix
Nos deſordres paſſez, deux Eſtats & deux Rois.
Nous l'attendons de vous, Madame, & ie m'aſſeure
Qu'on ne peut en douter ſans vous faire vne iniure.
Adieu, contez la Reine entre vos ennemis.

F

SCENE VI.

LE ROY, ORONTE.

LE ROY continuë.

MEre, dont le conseil trop barbare à tes fils
Perd l'vn par trop d'amour, l'autre par trop de
Qui semes entre nous vne guerre immortelle, (zele,
Qui mere ou sans enfans fatale à ma maison,
Mesles dans mon bonheur toujours quelque poison....
Mais ie la voy, sans doute elle a veu Tyridate,
Et cet ardent courroux qui dans ses yeux éclate,
Vient des transports qu'en luy le mien aura produit.

SCENE VII.

LA REYNE, LE ROY.

LA REYNE.

VEnez-voir à quel poinct Tyridate est reduit.

LE ROY.

Madame il vous sied bien de venir vous en plaindre ;
Il n'a pas la moitié des peines qu'il doit craindre ;
Et ce fils criminel pour qui vous soupirez,
Doit sentir tous les maux que vous luy procurez.
Mais craignez encor pis de ce desordre extréme,
Qui doit faire trembler, moy, mes fils & vous-mesme,
Qui trouble la nature, & qui fait ennemis
Le mary de la femme, & le pere de fils.
Le semez-vous ici par zele ou par colere ?

LA REYNE.

Que vous cognoissez mal les bontez d'vne mere !
Loin d'exciter ici quelque diuision,
Je tache d'y former vne étroite vnion.

F ij

Le trouble de vos fils tout ce desordre est vostre;
N'en peut-on aimer l'vn, sans abandonner l'autre?
Cherchez l'egalité, si vous voulez la paix;
Pour reünir vos fils, separez vos biensfaits.
Et sans tout accorder à la faueur de l'âge,
Au plus infortuné laissez quelque auantage,
Ne luy derobez pas toute l'amour du sang;
Qu'il garde Berenice en perdant vostre rang.
Que l'vn regne en ces lieux; & l'autre en Bytinie;
Et partageant ainsi tant de puissance vnie,
Que l'on admire en vous dans vn si iuste choix
Vn Roy qui fut sans fils pere de deux grands Rois.

LE ROY.

Vous ne manquez iamais, à qui veut vous entendre,
De mauuaises raisons à vous pouuoir defendre;
Mais vous deuez enfin sortir d'vn embarras
Qui d'vn trouble eternel menace nos Estats.
Laissez à mon amour le soin de Tyridate;
Par ces empressemens, en qui le vostre éclate,
Par ce zele imprudent vous faites auiourd'huy
Plus que vostre fureur n'auroit fait contre luy.
Pour tromper vostre haine & luy rendre iustice,
Ie veux qu'Ariarathe épouse Berenice;
Et luy cedant ma place au trône où ie me sieds,
Ie veux qu'il vous y voye & son frere à ses pieds:

Il aura dés demain le sceptre & la Princesse :
N'estimez point, Madame, ou fureur ou foiblesse
Le don que ie luy fais du pouuoir souuerain,
Tous nos malheurs passez m'inspirent ce dessein,
Le motif en est iuste, en depit de l'enuie.
Demain que tout soit prest pour la ceremonie,

à Oron-
te.

SCENE VIII.

LA REYNE, ORONTE.

LA REYNE.

O *Dieux ! quel coup de foudre ? Oronte écoutez-*
(*moy.*

ORONTE.

Ie cours executer les volontez du Roy.

LA REYNE.

Pensez-vous que ie souffre vne telle iniustice ?
Quoy vostre fils aura le sceptre & Berenice ?
Ie seray son esclaue, & mon fils son subiet,
Oronte renuersez ce funeste projet ;

F iij

Ostez ce grand sujet à ma haine infinie,
Ou demain au milieu de la ceremonie.
Vous verrez de ma main choir ce fils supposé
Aux yeux de son vray pere, & d'un pere abusé.
Detrompez promptement le faux Ariarathe;
Arrachez-luy l'espoir qu'il oste à Tyridate,
Ou sans plus differer, un trait de ma fureur
Va preuenir l'effet d'une fatale erreur.
Aussi bien c'en est trop.

ORONTE.

Oüy, c'en est trop, Madame.
Mais le Roy vous cognoist, il a leu dans vostre ame,
Et sçachant pour son fils quels sont vos mouuemens
Il preuiendra l'effet de vos ressentimens.

LA REYNE.

Pour son fils? dis le tien.

ORONTE.

Le mien?

LA REYNE.

Oüy le tien, traistre.
L'impudent de quel front l'ose-il mecognoistre?
Quoy lâche?

ORONTE.

Vos transports redoublent deuant moy.
Adieu ; ie vay pouruoir à ce que veut le Roy.
Demain nous nous verrons à la ceremonie.

SCENE IX.

LA REYNE seule.

OVy, oüy tu m'y verras, toute feinte bannie,
Te le faire aduoüer, perfide, par sa mort,
Quand tu le verras choir par vn mortel effort,
Lors ce fils, decouuert par les larmes d'vn pere,
Fera voir s'il est tien, ou si i'estois sa mere.
Ton zele peut bien feindre, & non pas ta douleur.
Suiuons sans differer cette noble chaleur,
Allons luy faire voir ce qu'en sa iuste hayne
Peut oser vne femme, vne mere, vne Reine.
  Mais où m'emportez vous inutiles transports ?
Je recours vainement à ces sanglans efforts.
Parlons. Dieux que le soin d'vne iuste vengeance
Fera des malheureux, si ie romps le silence ?

Toy plus que tous, cher fils, que ie veux conseruer,
Faut-il que ie t'expose, afin de te sauuer ?
Ah! que tu dois coûter à mon amour extréme,
S'il faut te racheter toy-mesme par toy-mesme.
Ie voulois estre mere, & le Ciel l'a permis ;
Ne la seray-je plus parce que i'ay deux fils ?
Si l'vn d'eux supposé m'a fait paroistre mere,
Soyons-là dignement en detrompant vn pere ;
Arrachons ses faueurs & son affection
A ce fils adopté par mon ambition ;
Et s'il faut hazarder celuy que i'ay fait naistre,
Pour estre bonne mere il faut cesser de l'estre.

Fin du second Acte.

ACTE

ACTE III.

SCENE PREMIERE.

TYRIDATE, ARIARATHE.

TYRIDATE.

Vous que le droict d'ainesse & vos propres
    grandeurs
Rendent trop iustement contraire à mes
    ardeurs.
Vous que i'auois traby, me ceder la Princesse !
Certes i'en suis surpris mon frere, & ie confesse,
Bien qu'encor vos bontez me laissent malheureux,
Que ie ne puis payer cet effort genereux.

ARIARATHE.

Vous ne me deuez rien, & ce sont-là, mon frere,
Des generositez qui ne me coustent guere.
Lors qu'en vostre faueur i'importunay le Roy,
Si ie parle pour vous, ie trauaille pour moy.
Ma foy m'engage ailleurs, & charmé d'Euridice

G

Ie me fers, plus que vous, & plus que Berenice,
Quand ie tâche de rompre vn hymen où mon cœur
Tout glorieux qu'il eſt rencontre ſon malheur.
Noſtre étroite amitié ſans doute eſt offenſee,
De vous auoir ſi tard découuert ma penſee,
Mais parce que ce crime eſt commun entre nous,
Ie n'en fais point d'excuſe, & n'en veux point de vo°.
Vſons mieux qu'en diſcours du momẽt qui no° reſte
Pour rompre cet hymen à tous deux ſi funeſte,
Voici le triſte iour qu'y deſtine le Roy.
Que ferõs-nous, mon frere, & pour vous & pour moy,
Tout le peuple déja dans le Temple ſe preſſe,
L'orgueil que ſa naiſſance inſpire à la Princeſſe
Luy donne du reſpect pour la foy du traicté,
Et la fait repentir d'auoir tant reſiſté.
En ſes extremitez, reduits à la priere
Allons nous proſterner aux pieds de noſtre pere,
L'adueu de mon amour, les pleurs de l'amitié
Sont pour luy des objets à toucher ſa pitié.

TYRIDATE.

Vous le cognoiſſez mal ſi vous oſez le croire,
Il aime trop l'eſtat, il aime trop ſa gloire;
Il aime trop la voſtre, & m'eſtime trop peu,
Vous allez ſeulement l'aigrir par cet adueu,
Cachez luy voſtre amour, ménagez ſa tendreſſe,
Et d'vn œil mieux ouuert regardant la Princeſſe

Ialoux de vos grandeurs, & plus soubmis au Roy,
Perdez le souuenir d'Euridice & de moy.

ARIARATHE.

I'ay l'œil assez ouuert pour voir sans iniustice
Ce que vaut vn Royaume auecque Berenice:
Mais pour craindre leur perte & le couroux du Roy
I'estime trop vn frere, Euridice & ma foy.
Allons sans plus tarder partager sa colere,
Mais aussi partageons les bontez de ma mere,
Vous me l'auez promis.

TYRIDATE.

　　　　　　I'y feray mon pouuoir,
Et deust-elle fermer son cœur à ce deuoir,
Le fermer à mes vœux, vous aimez Euridice,
Suffit pour l'obliger à vous rendre iustice,
Croyant qu'vn mesme obiet eut peu nous enflamer,
Elle m'aimoit assez pour ne pas vous aimer;
Mais elle s'en va perdre, estant mieux aduertie,
Les transports d'vne haine à demy ralentie;
Encore à ce matin elle me l'a promis.
Vous ne vous plaindrez plus que i'abhorre mon fils.
M'a-i'elle dit, allant employer chez mon pere
Le secours dont toûiours elle a fait vn mistere,
Ie la voy.

ARIARATHE.

Ma presence offense encore ses yeux,
Ie vous laisse, sans moy vous la flechirez mieux.

TYRIDATE.

Puissay-ie reparer par ce petit seruice
Ce qu'à fait contre vous l'amant de Berenice.

SCENE II.

ANTHIOCHIDE, TYRIDATE.

ANTHIOCHIDE

EViter mon abord, me fuïr, me rejetter,
S'obstiner si long-temps à ne pas m'écouter,
Ah! de mon mauuais sort rigueur insupportable,
O Reine infortunee & mere miserable.

TYRIDATE.

Madame qu'auez-vous?

LA REYNE.

Le Roy me fuit, mon fils,
Et les Dieux contre nous ne sçauroient faire pis.

TYRIDATE.

Ce sont traits d'vn malheur, qui, si ie l'ose dire,
Iette tout son venin au moment qu'il expire.
Celuy qui me poursuit & dont vous vous plaignez,
A perdu tous les traits qu'il n'a pas épargnez.
Maintenant aux abois mon amour triomphante
Rit des derniers efforts de sa rage mourante,
Ie n'ay plus de riual.

LA REYNE.

Quoy? mon fils, il est mort.
Qu'en effect iustement tu peux brauer le sort.

TYRIDATE.

Ah! prenez des pensers plus dignes de ma mere,
Sçachez que si la mort m'auoit osté mon frere,
Ou quelqu'autre que moy vous le feroit sçauoir,
Ou vous ne l'apprendriez que de mon desespoir.
Ie n'ay plus de riual; Mais le Ciel plus propice
Sans m'oster mon aisné me laisse Berenice:
Sa foy l'engage ailleurs, & i'ay sceu d'auiourd'huy
Les secrettes amours d'Euridice & de luy.

Cet objet à tout autre a souftrait sa franchise.

LA REYNE.

Pour la fille d'Oronte ? ô Dieux quelle surprise !
Et son pere le souffre.

TYRIDATE.

Il ignore leurs feux,
Mais ces feux sõt trop beaux pour estre malheureux.
Loin de les condamner par cet amour de mere
Qui vous rendit toûiours ma fortune si chere,
Par les tristes soupirs & par les tendres pleurs
Que vous ont si souuent arrachez mes malheurs ;
Par le secours promis aux vœux de la Princesse,
Regardez ce cher frere auec plus de tendresse ;
Et puis que son hymen me doit faire regner,
L'acheuant commencez à la luy témoigner.
Oronte dans l'ardeur d'agrandir sa famille
A vostre simple aveu doit accorder sa fille ;
Et comme sur le Roy vous & luy pouuez tout
l'espere qu'aysement vous en viendrez à bout,
Quand le Ciel au bonheur d'vn si genereux frere
N'auroit pas attaché tout le bien que i'espere,
Auec la mesme ardeur que ie fais auiourd'huy
Deust-ce estre contre moy ie parlerois pour luy,
Puis donc que son bonheur doit finir mes alarmes
Acheuez son hymen, & rendez à ses larmes

L'amitié que sans crime on ne luy peut oster,
Et que de tout son sang il voudroit acheter,
Vous me l'auez promis.

LA REYNE.

      Et ie fais mon possible
Pour vous parestre mere, & mere plus sensible,
Mais si ce seul hymen rend vos vœux satisfaits
Resoluez-vous mon fils à ne les voir iamais.
Sans luy nous pouuons vaincre vn destin si contraire
Tandis separez-vous des interests d'vn frere ;
Dont par l'ordre du Ciel la vie & la grandeur
Ne sçauront compatir auec vostre bon-heur,
Et qui reduit mon cœur à ce desordre extréme
De le perdre pour vous, ou vous perdre s'il ayme.

TYRIDATE.

Ne m'aimez donc iamais s'il faut que vostre amour
L'expose à tant de haine & lui couste le iour.
Ie romps de ce moment auecque ma fortune,
Si vostre amour pour lui ne la luy rend commune.
Oüy quelque traictement qu'il reçoiue de vous
Nostre estroite amitié le partage entre nous ;
Et dans l'attachement que i'ay pour ce cher frere
S'il n'est plus vostre fils, vous n'estes plus ma mere.

SCENE III.

LA REYNE seule

TV trembles à ces mots, Princesse tu fremis,
Ton malheur cependant s'appreste à faire pis:
Ramasse ici ta force & songe pour ta gloire
Que ce nouueau combat t'appreste vne victoire,
C'est le mesme destin autrefois éprouué,
C'est le mesme destin heureusement braué.
Tu triomphas de luy dans cette mesme ville,
Alors que ton adresse estant ton seul azile
Par ce fils supposé que tu sceus mettre au iour,
Tu sauuas ta grandeur, ta gloire & ton amour.
Quelques vaines frayeurs qui te viénent surprédre
Songe que la fortune est au poinct de se rendre,
Agis sans te troubler, malgré luy voy le Roy.
Parle, mais quel bonheur le conduit deuers moy!
Arsinoé le suit: que ie suis agitee!
Dieux fauorables dieux m'auriez-vous écoutee?

SCENE

SCENE IV.

LE ROY, LA REYNE, ARSINOE.

LE ROY à Arsinoé.

DE quel estonnement ton discours m'a frappé.
La croiray-je, Madame, et m'aués-vo⁹ trõpé? *A la Reyne.*
Le cher fils qui naissant desarma Mitridate,
Par qui ie vis, ie regne: enfin Ariarathe
Est-il mon fils?

LA REYNE.

Seigneur, de quel œil verrez vous
Vostre femme coupable embrasser vos genoux?
Puis qu'enfin son raport n'est qu'vn raport fidelle,
Et qu'il n'est que trop vray que ie suis criminelle,
Non pas pour vous auoir autrefois abusé
Que ne deuez-vous point à ce fils supposé,
Mais mon crime est d'auoir trop gardé le silence,
Et caché trop long-temps cette fausse naissance.

H

LE ROY.

Au poinct où me reduit ce secret reuelé
Voſtre crime enuers moy n'eſt que d'auoir parlé.
Que ne me laiſſiez-vous le reſte de ma vie
Dans vne erreur ſi douce & ſi digne d'enuie ?
Ignorant ce secret, helas ! i'auois deux fils ,
En qui nos differens aiſement aſſoupis ,
Brilloit vne vertu ſi plaine & ſi conſtante
Qu'ils auoient de bien loin ſurpaſſé mon attente.
Enfin deux fils en qui malgré l'ordre du ſort
I'eſperois de durer au delà de la mort ,
Et par leurs actions toutes pleines de gloire
A nos derniers neueux tranſmettre ma memoire.
Mais las ! où me reduit ce secret reuelé ?
Rendez-moy le bonheur que vous m'auez volé.

LA REYNE.

Ce secret reuelé vous ſauue Tyridate.

LE ROY.

Ce secret reuelé m'arrache Ariarathe ;
Ah ! ſi noſtre repos vous euſt eſté plus cher,
Pour Tyridate meſme il falloit le cacher.
Oüy, oüy pour ſon repos, pour le mien, pour le voſtre,
Pĕſez-vo° m'ôter l'vn ſans que vo° m'ôtiez l'autre
Et qui m'aſſeurera dans ce grand embarras

Si l'vn est supposé que l'autre ne l'est pas?

LA REYNE.

Moy?

LE ROY.

Vous croiray je vous sa mortelle ennemie ?
Qui veut tantost sa mort, tantost son infamie.

LA REYNE.

Ma haine vous suffit pour demesler leur sort,
Pourrois-ie le haïr iusqu'à vouloir sa mort
S'il estoit vostre fils & si i'estois sa mere?

LE ROY.

Pourrois-ie tant l'aymer si ie n'estois son pere ?

LA REYNE.

C'est en moy cognoissance,& c'est en vous erreur.

LE ROY.

C'est en moy sans nature,& c'est en vous fureur.

LA REYNE.

Ce seroit en effect vne fureur damnable ;
Mais de ce procedé me iugez,-vous capable?
Ay-je vescu d'vn air à craindre d'vn espoux
Le cruel traictement que ie reçois de vous?
Helas! que la memoire en est bien effacee.

LE ROY.

Non, mais vous dementez voſtre gloire paſſee.

LA REYNE.

Eſt-ce la dementir que vous deſabuſer ?

LE ROY.

Vouloir m'oſter vn fils , ou me le ſuppoſer,
N'eſt-ce pas vouloir faire ou s'accuſer d'vn crime ?
L'vne & l'autre action eſt ſi peu legitime
Que quelque ſouuenir qui me parle pour vous ,
Je dois tout redouter de qui fait de tels coups.
Mais parlez , où tendoit cette fauſſe naiſſance ?
Pourquoy nous la cacher ſous vn ſi long ſilence ?
Ou pourquoy d'auiourd'huy ſeulement l'éuenter.

LA REYNE.

l'ay mes raiſons , Seigneur , daignez les écouter.

LE ROY à Arſinoé.

Parle , va-t'en au Temple , & fais venir Oronte.

LA REYNE.

Pour trancher vn recit qui me couure de honte ,
Ie vous trompay , Seigneur , ie ſuppoſay ce fils :
Mais ma gloire où l'amour fit tout ce que ie fis.

Ie vous voyois perdu; ie me voyois perduë,
Et par luy la victoire à vos armes renduë,
Vos Estats recouuerts, vos ennemis chassez,
Si ie vous fis du tort, le reparent assez.
Aussi le iuste Ciel qui vit mon innocence,
Iugea mon action digne de recompense,
D'vn veritable fils il benit nostre amour:
Tyridate nâquit presqu'aux yeux de la Cour.
Peut-estre que pour lors des malheurs degagee,
Où ma sterilité m'auoit seule plongee,
Ie deuois reueler ce secret important:
Mais, ô le foible appuy que le iour d'vn enfant!
Sçachant à quels perils l'enfance est exposee
Combien la garde en est peu seure & mal-aisee,
Et que mon fils mourant nous alloit rejetter
Aux maux que nous venions à peine d'euiter;
Ie me teus, sçachant bien, Seigneur, que sur deux vies
Ma puißance & la vostre estoient mieux affermies,
Et que contre les miens, contre vos ennemis,
C'estoit vn grand rampart que les iours de deux fils:
Ie me teus, attendant vn temps plus fauorable,
Ou le Bytinien estant moins redoutable,
Ie peuße en seureté ce secret reueler,
M'asseurant qu'à l'instant que ie voudrois parler,
Vous me croiriez sans peine, ou qu'Oröte le traistre
Luy-mesme m'aideroit à detromper son maistre.
Et i'ay creu faire assez en attendant ce iour

De pouuoir de mon fils faire naiſtre l'amour.
Mais auiourd'huy voyant que malgré mon adreſſe
On veut qu'Ariarathe épouſe la Princeſſe,
Et s'acquiere en perdant voſtre fils à vos yeux
Vn tiltre pour regner malgré vous en ces lieux.
Ie parle . . . .

LE ROY.

C'eſtoit peu du premier artifice
Pour rompre, malgré moy, l'hymen de Berenice,
Eſt-ce l'egalité que vous vouliez trouuer ?
Hier vous ne parliez plus de le deſaduoüer :
Vous ſouffriez qu'il regnaſt, & vätiez ma tendreſſe
Pourueu qu'à Tyridate il cedaſt la Princeſſe.

LA REYNE.

Il la cede.

LE ROY.

Et ce coup de ſa tendre amitié
Auroit touché des cœurs capables de pitié.

LA REYNE.

C'eſt vn coup de l'amour qu'il a pour Euridice,
Qui romproit cet hymen mieux que mon artifice.

LE ROY.

Quoy ? la fille d'Oronte a captiué fon cœur ?
Il eft donc mon fils, il n'aime pas fa fœur.

LA REYNE.

Il ne la cognoift pas, & leur pere luy-mefme
N'aprēdra pas leurs feux fans vn defordre extréme
Pour vous tirer d'erreur....

LE ROY.

C'eft peu de vos aduis,
Et fi vous pretendez de me rauir mon fils ;
Encor que comme efpoux ie vous aime & refpecte,
Il me faut des témoins d'vne foy moins fufpecte,
Où font-ils ?

LA REYNE.

Ce fecret qu'on ne peut trop couurir,
Fut cognu de fort peu, qu'Oronte a fait perir.

LE ROY.

Doncques en ce fecret fi fatal à ma gloire
Oronte eft auec vous le feul que ie doy croire,
Il faut le voir, ie fçay quel zele il a pour moy.

LA REYNE.

Où me reduifez-vous s'il faut croire à fa foy ?

LE ROY.

Où me reduisez-vous s'il faut croire à la vostre?
De deux fils ie perds l'vn, & ie doute de l'autre;
Tyridate naquit presqu'aux yeux de la Cour:
Mais auec plus de bruit son frere vint au iour;
Si naissant il chassa l'ennemy de nos terres,
En le desaduoüant vous nous rendrez nos guerres,
Mitridate plus fort qu'il ne le fut iamais,
Me perdra, si ie manque au traicté de la paix.

LA REYNE.

Il suffit que la fille épouse Tyridate.

LE ROY.

Il cognoist, il estime, il ayme Ariarathe;
Il le veut pour son gendre, & pour dire encor mieux
Il est fier, remuant, auide, ambitieux,
Qui se promet desia l'Empire de la terre,
Aimé de mes subiets, qui craignans cette guerre,
Et prenans nos deux fils pour deux fils supposez
Nous remettrons aux fers que nous auons brisez.
Reprenez vn secret qui nous couure de honte;
I'en douterois encor à le tenir d'Oronte;
Et si vous ne portez vn cœur dénaturé,
Perdez l'inimitié qui vous l'a suggeré:
Le croire c'est ma perte; en douter c'est ma gloire.

Ainsi

Ainſi ie n'en croy rien, & ie n'en veux rien croire.
Adieu, ſi vous m'aimez, ſi vous aimez la paix
Gardez voſtre ſecret & n'en parlez iamais.

LA REYNE.

Quoy? Seigneur.

LE ROY.

Laiſſez-moy ſi vous voulez me plaire.

LA REYNE s'en allant.

Ménageons nous encor, & craignons ſa colere.

SCENE V.

LE ROY ſeul.

QV'vn front ſe pare en vain d'vne vaine fierté
Quãd le trouble d'vn cœur dement ſa fermeté!
Bien loin qu'à ma raiſon ma volonté commande,
Il faut qu'à ſes clartez elle-meſme ſe rende.
En vain dans mon malheur ie cherche à me flater,
I'en ſuis trop éclaircy pour en pouuoir douter.
C'eſt ſa mere qui parle, & quoy que ie me die
Qu'elle a toûiours eſté, qu'elle eſt ſon ennemie;

I

Sa haine me conuainc, loing de la condamner.
Mais pourquoy consent-elle à le voir couronner,
Pourueu qu'à Tyridate il cedast Berenice?
Mais pourquoy recourt-elle à ce lâche artifice,
Lors méme qu'il l'a cede, & qu'ailleurs amoureux
Pour rompre cet hymen il s'accorde auec eux?
Hé! pour cet estranger ie perdrois Tyridate?
Ah! traistre d'estranger, le cher Ariarathe!
Non, non, il est mon fils, on ne peut me l'oster;
La raison me conuainc: l'amour me fait douter;
Ie veux qu'il soit mon fils, & ie tache à le croire,
Mais c'est trahir mõ sãg; mais c'est trahir ma gloire.

Oronte
entre.

Raison, amour, nature, interests de l'Estat,
Quel succez à mon cœur promet vostre combat?
Si ie n'ose douter, & ne puis rien cognoistre
D'vn fils, qui, s'il ne l'est, est si digne de l'estre.

SCENE VI.

ORONTE, LE ROY.

ORONTE.

QVe peut auoir le Roy qui paroist si troublé?

LE ROY.

Tout est-il prest?

ORONTE.

Seigneur, le peuple eſt aſſemblé;
L'on n'attẽd plus que vous, le Prince & la Princeſſe.

LE ROY.

Ie veux qu'vn double hymen redouble l'allegreſſe;
I'ayme trop mes enfans pour geſner leur amour;
Tous deux auront leur part à l'heur de ce grand iour;
Oronte, mon aiſné ſoupire pour ta fille,
Ie veux que ſon hymen honore ta famille,
Et m'acquittant vers toy recompenſe des ſoins
Que ie ne puis payer, ſi ie te donne moins.

ORONTE.

Quoy? ma fille Seigneur.

LE ROY.

Il l'adore, elle l'ayme.

ORONTE bas.

Dieux! me reſeruiez-vous à ce deſordre extréme?

LE ROY.

Ie croyois te ſurprendre & non pas t'affliger,
Mais à voir ta douleur, ie ne ſçay que iuger,
Que cache cet hymen qui ſoit ſi redoutable?

ORONTE.

Ce n'est pas vn hymen, c'est vn crime effroyable.

LE ROY bas.

Las! il n'est que trop vray.

ORONTE bas.

Qu'ay ie dit? oüy Seigneur
C'est vn crime enuers vous qui me comble d'horreur.
En rompant les traitez ces amours vous hazardéz,
Ie preuoy des malheurs . . . .

LE ROY.

Ces raisons me regardent.
Dis les tiennes, ou bien sans plus dissimuler,
Confesse, il est ton fils, il est temps de parler.
La Reyne m'a tout dit.

ORONTE.

Que vous a dit la Reyne?
Dans quels nouueaux perils nous engage sa hayne?

LE ROY.

Ne crains pas d'aduoüer, officieux trompeur,
Vn crime, à qui ie dois ma vie & ma grandeur:
En me donnant ton fils tu sauuas cet Empire;
Le cognoistre & l'aimer est le but où i'aspire;
Confesse, il est ton fils, & l'hymen de sa sœur

Est ce crime odieux qui te fait tant d'horreur.

ORONTE.

Seigneur à ce discours ie ne puis rien comprendre.

LE ROY.

Hé bien s'il n'est ton fils accepte le pour gendre,
Seur du consentement d'Euridice & de luy,
Ie veux que cet hymen s'accomplisse aujourd'huy;
Va-t'en à ces amants en porter la nouuelle.

SCENE VII.

ORONTE seul.

AH! que tu cognois mal le cœur d'vn infidele,
S'il faut donner ce nom, à qui se voit permis
Iusqu'à tromper son Roy, pour couronner son fils.
Il m'a surpris, mais non; iusqu'à rompre vn silēce,
Qui conserue mon fils, luy cache sa naissance:
Car il a trop de cœur, s'estant crû fils de Roy,
Pour viure, s'il cognoist qu'il est sorti de moy.
Pour couronner ce fils; pour tromper la vengeance
Que la Reine fondoit sur sa recognoissance,

I iij

Ie verrois sans pasir, & sans estre troublé
Les horreurs dont iadis le Soleil à tremblé.
Et le Roy proposant vn hymen qu'il deteste,
Croit me faire parler par celles de l'inceste.
Ah! ie vais le presser auecque tant d'ardeur,
Que par là ie pretends confirmer son erreur;
S'il le consent, bien loing que mon cœur en fremisse,
Voyant auec mon fils couronner Euridice,
Tout mon sang sur le trosne, vn si rare bon-heur
De l'inceste à mes yeux effacera l'horreur.
Ie le verray regner ce fils, que ie luy donne,
Ce fils, que ie ne puis quitter qu'à la couronne.
Mais pour elle ie fains, ie me cache, & ie croy
Que tout cede aux douceurs d'estre pere d'vn Roy.
Aussi dans mon dessein l'inceste m'encourage,
On gouste mieux le bien qui couste dauantage;
Et ce bon-heur pour moy si grand, si souhaité,
A moins que d'vn tel crime, estoit mal achepté.

Fin du troisiéme acte.

ACTE IV.
SCENE PREMIERE.

ARIARATHE. EVRIDICE.

ARIARATHE.

Insi chere Euridice au fort de nos alarmes
Naist cet heureux moment, ce moment
    plain de charmes;
Qui pour seruir vn frere, & haster nôtre
    bien
Couronne des desirs, qui n'esperoit plus rien.
Il semble que le Ciel lassé de tant de plaintes,
N'a d'vn trouble eternel entretenu nos craintes,
Qu'afin qu'vn prompt espoir à nostre amour rendu
Reparast les delays d'vn bien trop attendu.
Tout ce que nos desirs trouuoient de resistance
Deuient l'heureux secours d'vne longue esperance;
Le Roy, la Reine, Oronte en pressent le succez.

EVRIDICE.

Que le bien m'eſt ſuſpect qui flate auec excez!
Et que ie plains vn cœur toujours preſt à ſe rendre
Aux appas d'vn eſpoir, dont il doit ſe defendre!
Pour moy qu'vn tel eſpoir trouble, & n'aueugle pas,
I'en ſoubçonne l'excez, quand i'en gouſte l'appas.
Il ſouffre dans mon cœur vn peu de defiance;
Et ſi toſt que ſur luy ie prends quelque aſſeurance,
I'écoute la chaleur, dont ma mere autrefois
Combatit mon amour ainſi que voſtre choix:
Ma fille, c'eſt en vain qu'vn faux eſpoir te flate,
Il faut vne Princeſſe au choix d'Ariarathe,
S'il ozoit conſentir à te donner la main,
Ton pere auec juſtice en romproit le deſſein.

ARIARATHE.

Vous voyez, toutefois qu'auec tranſport luy meſme
Vient de nous preparer à ce bon-heur ſupreme,
Pour en preſſer l'effet il va treuuer le Roy,
Si vous m'aimiez, ſi prés de regner auec moy;
D'vn autre mouuement vous paroiſtriez atteinte.

EVRIDICE.

Puiſqu'à deffaut d'amour vo' imputez ma crainte,
Ie veux la ſurmonter, & croire comme vous
Qu'Oronte, que le Roy, que les Dieux ſont pour no'.

Seure

Seure de leur adueu souffrez, que plus contente
Ie demande le sien à ma mere mourante.
Apres auoir blâmé nos feux & nos soupirs.
Si iamais le succez, répond à tes desirs,
(Me dict-elle en mourant) va sçauoir de Nicandre
Ce qu'auant cet hymen il t'importe d'apprendre.
Il conserue vn billet où ton sort est écrit,
Vostre amour... à ce mot la parque la surprit ;
Ie vis mourir ses yeux, aussi-tost que sa bouche.
Son corps .....

ARIARATHE.

Trop fortement ce souuenir vous touche.

EVRIDICE.

Pardonnez, des soupirs qui sortent malgré moy.
Nicandre m'opposant ses sermens & sa foy
D'auiourd'huy seulement m'a donné cette lettre,
Sur le bruit de l'hymen qu'on viết de nous promettre,
Ie brûle de l'ouurir, mais vn autre dessein
Dans le mesme moment en retire ma main.
Ie ne sçay si ie doy la brûler ou la lire,
Ma curiosité fuit ce qu'elle desire :
Et pour ne perdre pas vn trop superbe espoir
Ie dérobe à mes yeux ce qu'ils craignent de voir :

K

ARIARATHE.

Ne cefferez-vous point de vous eftre contraire ?
Craindre tantoft le Roy, puis Oronte, ou fa mere,
Redouter vn billet, trembler inceffamment,
Eft ce viure ? eft-ce aimer ?

EVRIDICE.

C'eft aimer tendrement.

ARIARATHE.

Que fur la mienne enfin voftre amour s'affermiffe,
Donnez, en prenant le billet.

EVRIDICE le retirant,

Mon pere vient,

SCENE II.

ORONTE, ARIARATHE.

ORONTE.

L'Aiſſez-nous Euridice.

ARIARATHE.

Hé bien mon pere !

ORONTE.

O Dieux ! d'où me vient cet honneur ?
Mon Prince ?

ARIARATHE.

Pour moy ſeul c'eſt vn rare bonheur,
Que ſerois-je ſans vous ? c'eſt de vous ſeul mõ pere
Que i'attends auiourd'huy tout le bien que i'eſpere.

ORONTE.

Il le ſçait, il s'en loüe, ô tranſports ! ah ! mon fils
Qui vous a dict ?

K ij

ARIARATHE.

Vous.

ORONTE.

Moy?

ARIARATHE.

Vous me l'auez promis ;
Si prés de noftre hymen ; ie croy qu'auec iuftice
Ie puis nommer le mien le pere d'Euridice.

ORONTE bas.

Iuftes Dieux! de quel coup m'auez-vous accablé?

ARIARATHE.

D'où vient ce changement ?

ORONTE.

Dieux que ie suis troublé!

ARIARATHE.

Qu'eft-ce Oronte ? parlez.

ORONTE.

Au poinct que ie vous aime,
L'excez de mon amour rend mon defordre extréme,

Ouy, Seigneur, cet amour est si grand & si fort
Que le seul nom de fils répond à son transport :
Et quand ie voy qu'en vain il tâche à satisfaire,
Et les desirs du fils & le zele du pere,
Son effort ne produit que trouble & que soupirs.

ARIARATHE.

Vous pouuez, toutefois répondre à mes desirs,
Si vous m'aimez en fils faites-le moy paroistre.
Ie borne mes desirs à la gloire de l'estre.
Hastez nostre hymenee, & pressez ce moment
Qui donne à ces deux noms vn meilleur fondement.

ORONTE.

Ils en ont vn bien fort : mais ie tremble sans cesse,
Qu'il vous soit odieux, parce qu'il vous abbaisse,
Peut-estre seriez-vous fâché d'estre mon fils.

ARIARATHE.

L'honeur de ma naissance est pour moy d'vn tel prix,
Que ie mourrois cent fois, plutost que d'en descedre ;
Mais ie n'en descends point deuenant vostre gedre,
Cet hymen où mon cœur rencontre tant d'appas,
Eleue vostre fille & ne m'abbaisse pas.

ORONTE bas.

Que doy-je deuenir ? quelle eſt mon eſperance ?
S'il ne peut, ſans mourir, apprendre ſa naiſſance.

ARIARATHE.

Qui vous rend interdict Oronte ?

ORONTE.

Ie vous plains,
Puiſque l'ordre du Roy renuerſe vos deſſeins.

ARIARATHE.

Comment ?

ORONTE.

Il faut aller épouſer la Princeſſe.

ARIARATHE.

Quoy perfide ? eſt-ce là l'effet de ta promeſſe ?
Et d'où vient dans le Roy ce ſoudain changement ?

ORONTE.

L'amour qu'il a pour vous en eſt le fondement.
Seigneur, en refuſant d'épouſer la Princeſſe,
Vous perdez la Couronne auec le droict d'aineſſe.

Tyridate eſt heureux, & va tirer à ſoy
Ce qu'vniſſoit en vous & l'vn & l'autre Roy,
Et riche des grandeurs que ſon frere abandonne,
Il met deſſus ſa teſte vne double Couronne.

ARIARATHE.

Qui luy cachoit tantoſt cet obſtacle odieux ?

ORONTE.

L'amour qui l'aueugloit luy deſſille les yeux.

ARIARATHE.

Vous deuiez détourner cette atteinte mortelle.

ORONTE.

Ie doy plutoſt rougir d'auoir trahi mon zele ;
I'ay ſerui voſtre amour tout iniuſte qu'elle eſt ;
Plus par ambition que pour voſtre intereſt :
Mon amour & ma foy ſe ſont laiſſez ſurprendre
Aux titres glorieux de beau-pere & de gendre ;
Mais de voſtre grandeur vn pere plus jaloux
R'allume dans mon cœur l'amour qu'il a pour vous.

ARIARATHE.

Quel zele ? quel amour qui m'enleuë Euridice ?

ORONTE.

Il ne vous oſte rien vous rendant Berenice.

ARIARATHE.

Prenez vous interest à trahir voftre fang ?

ORONTE.

I'en prens à le defendre, & feruir voftre rang,
I'en prens à triompher des fureurs d'vne mere ;
I'en prens à détourner les menaces d'vn pere,

ARIARATHE.

Sçachant voftre pouuoir ie crains peu fon courroux.

ORONTE.

Mais ie ne m'en fers point pour agir contre vous.

ARIARATHE.

N'écouterez-vous point vne iufte priere ?

ORONTE.

Non, ie n'écoute point ce qui vous eft contraire.

ARIARATHE.

Hé bien! allez fans vous ie flechiray le Roy.

ORONTE.

Quäd voº l'aurez flechy que pouuez-voº fans moy?
Car ne prefumez de changer mon courage.

Je vois

Ie vois encor en vous mon bien & mon ouurage,
Et ie prends interest d'en conseruer l'éclat,
Plus que tous vos parens, que le Roy, que l' Estat,
Euridice est ma fille, & sçachez que mon zele
Est plus puissant pour vous que le sang n'est pour elle,
Si vous vous obstinez contre vôtre deuoir,
Sõgez que dans mes mains ie tiens tout vôtre espoir,
Et ne m'obligez pas par vn coup deplorable
A rendre de mon zele vne preuue effroyable.

ARIARATHE.

Oste-toy de mes yeux, fuy barbare, ou ma main
Preuiendra par ta mort l'horreur de ton dessein.

ORONTE.

Ces menaces, Seigneur, n'ont rien qui m'intimide,
Si mon zele pour vous commet ce parricide,
Perçant d'vn mesme fer ce miserable flanc,
Ie sçauray m'en lauer auec mon propre sang;
Lors par le triste objet de ce grand sacrifice,
Qui confondra mon sang à celuy d'Euridice,
Iugez si ce refus est iustice ou faueur,
Iugez si tous mes soins sont amour ou fureur.

ARIARATHE.

Soit amour, soit fureur qui pour moy s'interesse,
Mon cœur tout en couroux succombe à sa tendresse,

Ie voy qu'il me trahit, & ie ne puis haïr
Celuy dont l'amitié le force à me trahir.
Si c'eſt amour pour moy qui fait toute ma peine,
Oſte-le moy cruel, & me laiſſe ta haine :
Ou plutoſt pour me perdre, aime moy malgré moy,
Garde vn zele barbare & cruel comme toy.
Mais apprens s'il m'arrache à la beauté que i'aime,
Que mon amour ſçaura t'en punir ſur moy-meſme.

SCENE III.

ORONTE ſeul.

IE crains peu ſes tranſports, il ſuffit que le Roy
Las de nous ſoupçonner s'accorde auecque moy
Il luy rend Berenice, & i'éuite l'inceſte.

SCENE IV.

LE ROY, ORONTE.

LE ROY.

D*Ans quel eſtat encor déplorable & funeſte*
Me laiſſe le combat d'vne fatale erreur,
C'eſt mon ſang, c'eſt mon fils, ſi i'écoute mon cœur;
Mais puis-je l'auoüer ? puis-je traiter de pere
Vn fils qui ne l'eſt plus ſi i'écoute ſa mere ?
Oronte prens pitié d'vn pere malheureux.
Ie te demande encor cet adueu genereux,
Croy-tu qu'il te ſeroit trop honteux de reprendre
Vn fils qui m'eſt ſi cher que ie n'oſe le rendre ?
Croy-tu que cet adueu faſſe tort à ton ſang ?
Ie l'aime encor aſſez pour luy laiſſer ſon rang.
Ioignons pour éuiter qu'vn tel ſecret n'éclate,
Berenice à ton fils, ta fille à Tyridate,
Ainſi par cet adueu qui ſignale ta foy
Mon fils deuient ton gendre, & le tien deuient Roy,
Oronte ouure ton cœur à cet eſpoir ſublime :

Rends à mon amitié cet adueu legitime ;
Et ne m'oblige pas d'arracher malgré moy
Ce que tu dois donner aux prieres d'vn Roy.

ORONTE.

Seigneur, tous ces apas pourroiët tëter quelqu'autre,
Qui se donnant vn fils, que le Ciel a fait vôtre,
Croiroit d'vn faux adueu r'affermir vôtre cœur,
Charmer ses déplaifirs, & tromper sa fureur.
Mais ie ne seray point ny lâche ny timide,
Iufqu'à faire vn adueu plus noir qu'vn parricide ;
Car vous ôter vn fils si cher à vôtre amour
C'eſt plus que vous ôter & l'Empire & le iour.
Hé ! quel autre intereſt m'oblige de me taire ?
Eſt-ce qu'il m'eſt honteux de me dire ſon pere ?
Eſt ce que mon ſilence aſſeure dans ſa main
L'eſpoir ambitieux du pouuoir ſouuerain ?
Ah ! ſi i'oſois, Seigneur, ſans paſſer pour vn traiſtre,
Ou me croire ſon pere, ou me vanter de l'eſtre,
Il me ſeroit plus doux de m'en eſtre loüé,
Que de voir ſur le trône vn fils deſauoüé,
Prés d'vn fils ſi charmant & ſi digne qu'on l'aime,
Vn pere parleroit en dépit de luy-meſme.
La nature & l'amour ont beau diſſimuler,
Le temps où leurs tranſports les forcent de parler:

Cependant pour cacher ma gloire & sa naissance
Depuis vingt ans ma bouche eut gardé le silence?
Si i'ay peu iusqu'icy deguiser mes transports,
Si le sang fait sur moy de si foibles efforts;
Quand mesme ie serois celuy qui l'a faict naistre,
Je me ferois iuger trop indigne de l'estre;
Ie le desauoüerois de peur d'estre blâmé,
De n'aimer pas un fils si digne d'estre aimé.
Seigneur sortez d'erreur faites-vous cette grace:
Ne me contraignez point à prendre vostre place:
Et d'estre malgré moy le vray maistre d'un bien,
Qui fait vostre bonheur, & qui feroit le mien.

LE ROY.

Tu triomphes Oronte, & mon cœur se doit rendre
Aux clartez dont encor il vouloit se defendre,
Soit surprise, ou raison, il m'est trop glorieux
De me rendre à moy-mesme un bien si precieux;
Et ie resisterois à la nature mesme,
Si sa voix s'obstinoit à m'oster ce que i'aime.
Si ie suis abusé, ie cheris mon erreur.
Que la Reyne en dispose au gré de sa fureur,
Quoy qu'elle ose me dire, & quoy qu'elle entreprenne
I'en croiray mon amour moins suspect que sa haine.
Mais ie la voy venir, éuitons son abord.

SCENE V.

LA REYNE, LE ROY, ORONTE.

LA REYNE au Roy.

AH! de grace, arrestez, faites-vous cet effort.

LE ROY.

Mon cœur a triomphé de son inquietude :
Ne le rejettez plus dans cette incertitude.
C'est trop vous ecouter, & c'est trop m'abuser.
S'il consent vn hymen qu'il devroit refuser,
Croiray je que ce fils est frere d'Euridice ?

LA REYNE.

Quiconque comme luy fait monter sa malice
Iusqu'à vous deguiser vne fatale erreur,
Peut bien souffrir l'inceste & le voir sans horreur.
Mais, Seigneur, écoutez, & qu'enfin la nature
Confonde deuant vous son horrible imposture.

Tu te vois grand, Oronte, & i'ay fait ta grandeur;
Mais quel autre interest t'eust acquis ma faueur ?
Si ce fils supposé par sa fausse naissance
Ne t'eust fait meriter cette recognoissance ?

ORONTE.

Les soins de l'éleuer & ceux que ie luy rends,
Pour qui ce fils me doit autant qu'à ses parens,
M'ont acquis iustement cette haute fortune,
Dont l'éclat vous irrite autant qu'il m'importune.

LA REYNE.

Mais dy-nous quel motif te fit son gouuerneur;
Quels exploits quels trauaux precedoient cet hon-
    neur ?

ORONTE.

De vous seule ie tiens cette faueur insigne,
Et quand vous me monstrez que i'en estois indigne,
Vn reproche si vain & si hors de saison
Etale vos biensfaits, & non ma trahison.

LA REYNE.

Tu me flates, perfide, & me braues dans l'ame.
Mais qu'as-tu fait du fils dont accoucha ta fame ?

ORONTE.

Pourquoy fnut-il encor reuoir son triste sort ?
Vous sçauez qu'en naissant il rencontra la mort,
Et qu'à peine il viuoit lors qu'il cessa de viure,
Vous sçauez que ce coup m'eust côtraint de le suiure,
Si le vôtre en naissant si cher à nos desirs
N'eust reparé sa perte & borné mes soupirs.
Ce Prince a fait depuis mes plus cheres delices.
Maintenä: (grace aux Dieux à mõ amour propices)
Vous le desaduoüez, vous l'osez rejetter,
C'est vn fils orphelin, que ie puis adopter :
Laissez-le moy, Seigneur, ne soyez plus sa mere;
Au defaut de tous deux ie veux estre son pere.

LE ROY.

Ah! ce nom & ce fils n'appartiennent qu'à moy.

LA REYNE.

C'est le sien.

LE ROY.

C'est le vôtre, & sera vôtre Roy.

LA REYNE.

Ah! perisse plutost .. ..

LE ROY.

Vous menacez, Madame.

LA REYNE.

Ie menace, & veux bien vous découurir mon ame,
Tant que i'ay creu de vaincre vne mortelle erreur,
I'ay feint & i'ay dompté ma trop iuste fureur ;
Mais auant que souffrir que par vôtre injustice
Son fils arrache au mien le sceptre & Berenice ;
Au defaut du poison, de la flame & du fer
I'iray dedans vos bras moy-mesme l'etouffer.

LE ROY.

Et moy puis qu'on s'emporte auec tant d'insolence,
Me reglant desormais sur cette violence,
Ie defendray mon fils auec tant de rigueur,
Que ma iustice ira plus loing que ta fureur :
Ie vay dedans le temple acheuer l'hymenee,
Qui fera respecter sa teste couronnee.
Tandis, quelque malheur dont il sente les coups,
Sãs en chercher l'autheur, sans l'imputer qu'à vous,
Ie iure qu'egalant le supplice à l'offence
Sur le vôtre du mien ie prendray la vengeance ;

M

Vôtre cher Tyridate à vos yeux egorgé
Vous laiſſera punie & ſon frere vangé.

Fin du quatrieſme Acte.

ACTE V.

SCENE PREMIERE.

ORONTE, ARIARATHE.

ORONTE.

Perdez, Prince, perdez cette indigne croyance.

ARIARATHE.

En vain vous me voulez deguiser ma naiſſance :
Ce langage muet de mots entrecoupez,
De tranſports retenus, de ſoupirs échapez,
Où ſi naïfuement la nature s'eſt peinte,
Parlent plus puiſſamment que ne fait voſtre feinte ;
Ne refuſez donc plus de commettre à ma foy
La garde d'vn ſecret qui n'importe qu'à moy.

M ij

ORONTE.

S'il n'importe qu'à vous pourquoy donc vous le taire ?
Ah ! ceſſez, de vouloir que ie ſois voſtre pere ;
Ne me demandez plus auecque tant d'ardeur
Vn adueu ſi contraire aux vœux de voſtre cœur ;
Conſultez-le ce cœur, ſeul il peut vous répondre ;
Ses moindres mouuemens ont dequoy vous confondre.
Cet orgueil que le Ciel coula dans vôtre ſang,
Cet amour des vertus dignes de vôtre rang
Qui ſeparent les Rois des naiſſances vulgaires,
Sont de vôtre grandeur les brillans caracteres ;
Tout y répond en vous, hormis la lâcheté
D'auoir oſé douter de cette verité.

ARIARATHE.

Hé bien ! contre vn ſoupçon dont ma gloire s'offenſe
Ie vay rendre combat hors de voſtre preſence ;
Et vay prés d'Euridice apprendre de mon cœur
Si ie la doy traiter de maiſtreſſe ou de ſœur.
Pour rendre le repos à mon ame éperduë
Ne me defendez plus le bonheur de ſa veüe.
L'Empire que l'amour luy donne ſur mes ſens
Peut ſeul rendre le calme à mes eſprits flottans,
Et dans le vœu conſtant de l'aimer & luy plaire
Ie ſeray par ſon choix ſon amant ou ſon frere.

ORONTE.

Vous n'estes pas son frere ; & la Reyne vous perd
Si vous l'aimez apres ce secret decouvert.
Prenez vos seuretez contre son artifice :
Puisque le Roy le veut , épousez Berenice.
Au poinct où prés de luy la Reyne vous a mis
Il vous faut obeïr pour paroistre son fils.

ARIARATHE.

Il le faut , mais tandis qu'auprez de la Princesse
Le Roy pour la convaincre épuise son adresse,
Qu'il tâche à l'obliger d'obeïr au traité
Ie doy m'y disposer aussi de mon costé.
Mon cœur est dans les mains de ma chere Euridice,
Ie doy l'en retirer, s'il faut que i'obeïsse,
Dans la necessité que i'ay de la quitter,
Elle aura la bonté de n'y pas resister.
Souffre donc vn adieu qui m'acquitte envers elle ;
Apres ie ne prens plus conseil que de ton zele,
Mais ne refuse pas.....

ORONTE.

Ie vous rendray content.
Vous, conduisez le Prince, où ma fille l'attend.

Parlant à
son Capi-
taine des
Gardes.

M Iij

SCENE II.

ORONTE seul.

Tout flechit, tout fait joug à ma bonne fortune,
Ce iour, ce iour heureux... ô presence importune !

SCENE III.

ANTHIOCHIDE, ORONTE.

ANTHIOCHIDE.

Arreste, pour ouïr non les iustes douleurs (pleurs
D'vne Reine en courroux, mais d'vne mere en
Et souffre au grand succez que le destin t'enuoye
Qu'vn moment ma douleur interrompe ta ioye.
Tu triomphes, Oronte, & le Ciel a permis
Que tout print contre moy le parti de ton fils ;

Le mien, dont i'esperois vn secours fauorable
Aussi bien que le Roy me traite de coupable,
Et d'vne vieille erreur follement amoureux
S'offence d'vn secret qui le rendroit heureux ;
Dans ces extremitez en faueur d'vne mere
Vne Reine descend iusques à la priere :
Apres les vains efforts d'vn courroux auorté
Triomphe en me voyant implorer ta bonté.
Nous sommes seuls, rempli de bonheur & de gloire,
Si ton ambition ne t'oste la memoire,
Quitte vn lâche artifice où tu t'és obstiné ;
Osé aduoüer vn fils à demy couronné,
N'ayant plus de ma part aucun sujet de crainte
Tu dois estre au dessus d'vne si basse feinte.

ORONTE.

Hé bien nous sommes seuls ; fondez vous quelque espoir
Sur vn adueu qui vient échauffer mon deuoir ?
Il est mon fils : iugez par vôtre amour de mere
Iusques où doit aller le zele de son pere ;
Pour le faire regner ie n'épargneray rien.

ANTHIOCHIDE.

Qu'il regne, i'y consens, mais ne perds pas le mien :
Laisse-luy la Princesse auec la Bitinie ;
Que le tien regne icy sans crainte & sans enuie,

Prés d'vn Roy deformais par moy-mesme abusé.
Ce fort est assez doux pour vn fils supposé.

ORONTE.

C'est beaucoup obtenir de qui veut fa ruine;
Mais ie soupçonne fort la main qui l'assassine.
Oronte ne feroit Oronte, qu'à demy,
S'il daignoit receuoir des dons d'vn ennemy:
J'en recognoy l'appas, & sçauray m'en defendre.
Si du Bitinien mon fils n'est pas le gendre,
Il doit craindre, ou le Roy fortant de son erreur,
Ou vostre fils regnant, ou bien vôtre fureur.
Vôtre haine est trop iuste, & trop enracinée
Pour s'asseurer à moins que de cet hymenee.
Mithridate luy seul peut faire fans effroy
Regner icy mon fils malgré vous & le Roy:
Et d'ailleurs nos traittez ioignent cette Couronne
A celle que l'hymen de fa fille nous donne;
On ne peut feparer ces deux trônes vnis.

ANTHIOCHIDE.

Qu'attends-tu?

ORONTE.

La douceur de voir regner mon fils.

ANTHIO.

ANTHIOCHIDE.

Mais ce fils regnera sans cognoistre son pere.

ORONTE.

Qu'il regne il me suffit, c'est tout ce que i'espere.
Sera-il moins mon fils s'il ne me cognoist pas ?
Sa gloire & son bonheur auront-ils moins d'appas ?
Quand vn pere incogneu couronne vn fils qu'il aime,
La nature en secret s'applaudit elle mesme,
Se vante tous les soins qui luy seruent d'appuy,
Voit son sang sur le trône, & croit regner en luy.

ANTHIOCHIDE.

Mais tu seras toujours son sujet.

ORONTE.

           Ie veux l'estre,
Pour voir en mesme estat & sa Reine & son maistre.

ANTHIOCHIDE.

Va, monstre d'impudence & d'infidelité.

ORONTE.

Ma presence deplaist à vostre Majesté.

N

ANTHIOCHIDE.

Arreste ; encor vn coup en toy-mesme repasse
La honte & les perils qui suiuent ton audace,
En trahissant ton Roy, ta Reine, ton païs,
Tremble pour toy perfide, & tremble pour ton fils :
Sans qu'aucun interest desormais me retienne,
I'iray chercher par tout & sa perte & la tienne,
Et quand pour vous le Roy se fermeroit les yeux,
Crains ou mon desespoir, ou la foudre des Dieux ;
Pour de pareils forfaits au defaut de la terre
Leur redoutable main n'est iamais sans tonnerre.

ORONTE.

Quelle honte pour moy de couronner mon fils ?
Appellez-vous trahir sa Reine & son païs,
Quand vous donnant mon fils ie vous tiray de peine,
Ie sauuay par ce don mon païs & ma Reine,
Et s'il sauua l'estat, si seruant vostre amour,
A Tyridate mesme il a donné le iour,
Cet estat est à luy, c'est son bien, sa conqueste ;
Mais soit honte, ou peril qui menacent ma teste,
Vn pere pour son fils ne doit rien épargner,
Et l'on doit tout oser lors que c'est pour regner ;
Par quelques actions que sur le trône on monte,
La gloire qui les suit en efface la honte,
Et de quelque façon qu'vn grand cœur puisse agir,

De crimes couronnez ne font iamais rougir.
I'acheueray le mien, & l'ayant sceu conduire
Où vôtre desespoir ne pourra le detruire,
Son succez quel qu'il soit me sera glorieux.
Il est beau de n'auoir à craindre que les Dieux ;
Et sans rien redouter du costé de la terre
Oser d'vn front égal attendre le tonnerre.

ANTHIOCHIDE.

Crains encor pour ton fils, plus que les Dieux ?

ORONTE.

Qui.

ANTHIOCHIDE.

Moy.

ORONTE.

Auant la fin du iour il sera vôtre Roy.

SCENE IV.

TYRIDATE, LA REYNE, BERENICE, ORONTE.

TYRIDATE à Oronte.

Sois témoin d'vn deſſein que l'amitié ſuggere.

LA REYNE.

Hé bien mon fils..

TYRIDATE.

Quittez ce vain titre de mere.
Vos deux fils ſont vnis par de ſi fermes nœuds,
Que deſauoüant l'vn vous les perdez tous deux :
Auſſi loing d'eſperer d'vn ſi lâche artifice
Le bonheur ſans pareil d'épouſer Berenice,
I'y renonce, Madame ; & ie iure à ſes yeux
Qu'auant que le Soleil abandonne ces lieux,
Sans attendre du Roy le courroux legitime,
Si vous m'aimez, ma mort punira voſtre crime.

LA REYNE.

Hé bien, meurs, fils ingrat, fils indigne du iour,
Qui recognois si mal l'excez de mon amour;
Pour ta punition desauoüe vne mere,
Et prens vn étranger pour ton Prince & ton frere;
J'y consens, mais . . .

SCENE V.

LE ROY, LA REYNE, BERENICE, TYRIDATE, ORONTE.

LE ROY à la Reyne.

P Erfide, enfin ta trahison
A versé son venin sur toute ma maison;
Et méprisant les loix que ie sceus te prescrire,
Tu subornes mon fils, n'ayant peu me seduire:
Mais fremis à l'objet de mon iuste courroux.
Princesse sa fureur a passé iusqu'à vous.

N iij

BERENICE.

Dites que ses clartez ont passé dans mon ame :
Aussi plutost la mort que cet hymen infame,
Qui ioint indignement par vn horrible choix
L'ignominie au trône, Oronte au sang des Rois.
Ie vous l'ay desià dict, ignorant sa naissance,
Ie soumettois mon choix à mon obeissance
Mais ce secret fatal si prés de me trahir,
M'affranchit du deuoir qui m'eust fait obeïr.

LE ROY.

Donc sur l'illusion des fureurs d'vne mere
Vous rompez les traitez faits auec vostre pere ;
Mon fils Ariarathe est indigne de vous.

BERENICE.

S'il estoit vostre fils il seroit mon époux.

LE ROY.

Qu'il soit donc vostre époux, que rien ne vous retienne :
Ie le tiens pour mon fils, ma foy vaut bien la sienne,
Sa haine persuade, on croit ce qu'elle dict ;
La nature est en moy suspecte & sans credit.
Faut-il que mon rapport vous semble moins fidelle ?

BERENICE.

Ne pouuant m'affeurer ny fur vous, ny fur elle,
Ie doute, & dans ce doute, il fuffit que mon cœur
Voit mon rang en peril, ma gloire & mon bonheur.
Puis-je fur cet hymen prendre quelque affeurance?
Quand il faut depofer grandeur, repos, naiffance,
Ie fremis à l'objet d'vn choix fi hazardeux.

LE ROY.

Dites plutoft d'vn choix qui s'oppofe à vos vœux.
Vous aimez Tiridate, & voftre amour rebelle
Embraffe aueuglement tout ce qui fait pour elle;
Mais ie feray perir ce criminel efpoir,
Qui vous fait reuolter contre voftre deuoir:
Vous l'aimez toutes deux; il fuffit: & ma hayne
Treuue dans voftre amour ma vengeance & fa peine.
Qu'on l'ofte de leurs yeux.

ORONTE.

Seigneur, c'eft voftre fang.

LE ROY.

Le feul Ariarathe eft digne de ce rang.

ORONTE.

Mais....,

LE ROY.

Mais Oronte, enfin ie veux me satisfaire,
Faites venir le Prince.

ORONTE.

Agreable colere!
Heureux, heureux, Oronte.

SCENE VI.

ARSINOE', LE ROY, ORONTE, LA REYNE,
TYRIDATE, BERENICE.

ARSINOE'.

A H! *Madame, ah! Seigneur.*

LE ROY.

Quel estrange accident m'annonce ta douleur?

ARSINOE'.

ARSINOE'.

Ariarathe...

LE ROY.

Acheue.

ARSINOE'.

Eſt mort.

LA REYNE.

O ! *Ciel propice.*

LE ROY.

Ah ! cruelle.

LA REYNE.

Seigneur, les Dieux me font iuſtice.

LE ROY.

C'eſt vn coup de ta bayne, & non de leur pouuoir ;
Qui contre ta fureur arme mon deſeſpoir.
Tu m'as raui mon fils, parricide execrable ;
Choiſis à ton forfait vn ſupplice ſemblable.

O

ARSINOE'.

N'accufez point, Seigneur, la Reyne de fa mort;
Le Ciel à d'autres mains referuoit cet effort:
Euridice le perd.

LE ROY.

Euridice!

ORONTE.'

Euridice!

TYRIDATE.

Dieux !

ARSINOE'.

Elle eft de fa mort l'innocente complice;
Mais las! en quel eftat l'a reduit ce malheur?
Tantoft fans mouuement, fans poux, & fans couleur,
Plus morte mille fois que le mort qu'elle embraffe,
Elle femble accufer le Ciel de fa difgrace;
Puis tout à coup criant, cher frere, cher amant;
Furieufe elle court ....

LE ROY.

Parle plus clairement.

ARSINOE'.

Le Prince alloit réuant au bruit de sa naissance
Auec son Euridice en faire confidence,
Quand en entrant chez elle & la voyant en pleurs
Il fremit, & se croit certain de ses malheurs.
Elle court l'embrasser, luy parle de sa mere,
Le moüille de ses pleurs, & le caresse en frere;
Mais d'vn air où ce Prince apperçoit clairement
Qu'en caressant son frere elle plaint son amant.
Euridice (dit-il d'vne voix abbattuë)
Pour vanger vostre amant du frere qui me tuë :
Je me sens & le cœur, & le bras assez fort.
Alors se degageant de ses mains, sans effort
(Car desia la douleur dont elle estoit troublee
La laissoit sans vigueur) il tire son épee,
L'enfonce dans son sein, tombe, & d'vn ton changé,
Euridice (dit-il) vostre amant est vangé.
A ces mots reuenant de sa douleur extréme
Auec vn grand helas elle tombe de mesme.
On accourt à ce bruit, nous entrons.

ORONTE.

Iustes Dieux !

ARSINOE.

Fut-il iamais objet plus touchant sous les Cieux ?
Le Prince tout mourant secouroit Euridice,
Et quand nous luy voulions rendre le mesme office,
Laissez-moy (disoit-il) & secourez ma sœur,
Mourant vn iour plutost i'euitois mon malheur,
Ie mourois vostre Prince,& ie meurs fils d'Oronte;
Mais n'ayant peu la fuir, i'abbrege au moins ma honte.
Laissez couler ce sang, cet abiet, ce vil sang,
Qu'vn iuste desespoir a tiré de ce flanc,
Ie le donne à la Reine, au Prince, à Berenice,
A l'estat, plus qu'à tous à ma chere Euridice.
Euridice l'objet de mes plus chers desirs,
Il falloit detester nos vœux & nos soupirs.
Il falloit qu'à l'espoir de mon ame enflamee
Succedast la douleur de vous auoir aymee :
Viure auec vous sans vous, aimer & n'aimer pas ;
Mon cœur à ses rigueurs prefere le trépas.
Euridice... ce mot luy coupe la parole;
Il meurt.

LE ROY.

Et dans sa mort ce qui plus me desole,

S'addres-
sant à la
Reyne.

Il meurt sur vn soupçon, sur vn bruit mal conceu,
Que vous auez semé, que mon fils a receu :

Il meurt apprehendant de viure dans la honte,
Il meurt, parce qu'il croit estre le fils d'Oronte.
Reyne as-tu fait perir ou son fils, ou le mien ?
Pleures-tu pour mon fils, Oronte, ou pour le tien ?

ORONTE.

Seigneur.

LE ROY.

Parle.

ORONTE.

   Seigneur, ces soupirs & ces larmes
D'vne forte douleur vaines & foibles armes
Se donnent à mon Prince, & non pas à mon fils ;
Vous qui sçauez, par qui ses iours vous sont rauis,
Vous qui pouuez punir; qui voyez la coupable,   Montrât
                  la Rey-
Pour vanger vostre fils commandez…   ne.

ARSINOE'.

         execrable…
Seigneur écoutez tout. Malgré tous ses efforts
Le Ciel pour le conuaincre a fait parler des morts.
L'amour dans cet écrit cherchant son auanture
Decouurit des secrets cachez à la nature :
C'est luy qui d'Euridice a dissipé l'erreur,
Et qui d'Ariarathe a causé le malheur.

            O iij

Le Roy lit.

Euridice, ma main te l'apprend à regret,
Le Prince Ariarathe est mon fils & ton frere,
Euite son hymen, mais ménage vn secret
    Qui couste le iour à ta mere.

BARSINE.

ORONTE.

O! desespoir, Barsine c'est donc toy
Qui m'enleues mon fils sur le poinct d'estre Roy,
Ton trépas qu'auança ma iuste deffiance
Fut trop lent pour ma gloire, & peu pour ma vengeance,
Tu denois expirer dés que mon fils fut né,
Ou pour l'allegement d'vn pere infortuné
Tu devrois viure encor, afin mere perfide
Que ma rage sur toy punist ce parricide:
Seigneur mon desespoir te dict ma trahison,
I'ay voulu pou mon fils destruire ta maison.
Appreste des tourmens à ce malheureux pere,
Sa mort m'a mis au poinct de brauer ta colere.
Cher fils.

LE ROY.

Qui ne seroit touché de son malheur?
Où t'en vas-tu?

TRAGEDIE.

ORONTE.

Mourir.

LE ROY.

Madame en ma faueur.

LA REYNE.

Ie pardonne aiſément ce qu'a fait la nature.

LE ROY.

Vis Oronte auec moy, la Reine t'en coniure.

ORONTE.

Moy qui n'auois vécu que pour le voir regner,
Lors que mon fils eſt mort ie pourrois m'épargner ;
Si perdant Tyridate, & la Reyne & vous-meſme
J'euſſe peu pour mon fils rauir le diademe,
Ma main ſur tant de morts euſt fondé ſon appuy;
Cét eſpoir m'a fait viure, & ie tombe auec luy:
Ie le ſuis pour ma gloire & pour voſtre vengeance.

LE ROY.

Sauuez-le.

Aux
Gardes.

SCENE derniere.

LE ROY continuë.

POurrez-vous oubliant mon offense
Donner ce que i'ay fait contre vous auiourd'huy
A l'amour des vertus qu'on admiroit en luy.

LA REYNE.

Oublions le passé; songez à Tyridate.

LE ROY à Berenice.

Princesse en attendant l'adueu de Mitridate,
Pour vn hymen qui doit borner nostre douleur,
Donnons quelques momens à plaindre ce malheur.
Bien que ce fils viuant ait causé vos allarmes,
Sa mort me semble encor trop digne de vos larmes.

BERENICE.

Il auoit des vertus dignes d'vn autre sort ;
Et ie croy mon bonheur trop payé par sa mort.

Fin du cinquiesme Acte.

www.ingramcontent.com/pod-product-compliance
Lightning Source LLC
Chambersburg PA
CBHW060607100426
42744CB00008B/1354